쉽게 익히는 러시아어 II

강명수　김성일 공저

신아사

머 리 말

제목이 말해주듯이 이 책은 러시아어를 처음 배우는 학생들이 러시아어를 쉽게 익힐 수 있도록 얼개를 만들었다. 이미 출간된 상권에서처럼 문법을 자세하게 설명하기 보다는 문장을 통해 표현을 익히면서 자연스럽게 러시아어를 습득할 수 있도록 했다.

각 과마다 발음, 어휘 표현, 간단한 일상 회화 등을 통해 러시아어를 차근차근 익혀나갈 수 있도록 구성하였으며, 반복 학습을 통해 주요 구문들을 완전히 숙지할 수 있도록 했다. 각 과의 말미에는 연습문제와 단어정리를 배치해서 배운 내용을 다시 한 번 정리할 수 있도록 하였으며, 러시아 노래 배우기를 덧붙여 즐겁고 편안하게 러시아어를 익히게끔 배려했다. 나아가서 이 책에서는 각 과마다 러시아 문화관련 정보(문화예절)를 소개함으로써, 21세기에 전 지구를 향해 포효하는 러시아와 러시아인에 대한 이해의 장을 넓히고자 했다.

체계적으로 구성된 이 책을 통해 러시아어를 전공하려는 학생들의 실력이 일취월장하길 바라고, 더 큰 희망을 품게 되길 소망한다.

2007년 여름

강 명 수 • 김 성

▫ 머리말

▫ 목차

제 9 과 (урок 9)

발음에 유의하여 정확하게 읽어봅시다.

유성자음	Б	Д	Г	В	З	Ж
무성자음	П	Т	К	Ф	С	Ш

* 유성자음과 무성자음의 대응표

[п] [б] парк брат

[т] [д] там дай

[к] [г] карта город

[ф] [в] фамилия ваша

[с] [з] сад завтрак

[ш] [ж] школа журнал

б →[п]	д →[т]	г →[к]
клуб	сад	друг
хлеб	город	слог
в →[ф]	з →[с]	ж →[ш]
иванов	рассказ	муж

перерыв	Советский союз	этаж
вт → [фт]	вк →[фк]	вс →[фс]
завтрак	остановка	все
автобус	выставка	всегда
вч →[фч]	по французски [с]	
вчера	по арабски [п]	

장소, 시간, 빈도와 관련된 부사

здесь/ сюда́ 여기, 이곳에/ 이리로

до́ма/ домо́й 집에서/ 집으로

там/ туда́ 저기, 저곳에/ 저리로

бли́зком/ ря́дом 근처에/ 곁에

тут 여기, 이때

далеко́/ недалеко́ 먼/ 멀지 않은

вон там 저기 너머에

внутри́ 내부에

Я иду домо́й. 나는 집으로 간다.

Его общежи́тие находится недалеко́ отсю́да. 그의 기숙사는 여기서 멀지 않은 곳에 위치하고 있다.

아래에는 시간과 빈도와 관련된 부사들이다.

за́втра	내일	пото́м	그 다음에
сего́дня	오늘	сра́зу	즉시
вчера́	어제	до́лго	오랫동안
ско́ро	곧	всё время	늘
давно́	오래전에	иногда́	때때로
недавно́	얼마전에	всегда́	항상
ра́ньше	이전에	ре́дко	드물게
тепе́рь	지금: 요즈음	обы́чно	통상: 보통
сейча́с	바로 지금	никогда́	결코
тогда́	그 때에	часто́	자주

Давай завтра поговорим. 내일 이야기 하자.

Илья часто занимается всю ночь, а Женя совсем редко занимается.
일리야는 자주 밤새워 공부하지만, 제냐는 거의 그렇게 하지 않는다.

시간 말하기

- Сколько сейчас времени?
- 3 часа. (Сейчас три часа.)

Сейчас	1 (один)час	1 (один)минута
	2 (два)　4 часа	2 (два)　4 минуты
	5 – 20 часов	5 – 20 минут

몇 시인지 묻고 대답하기

- Мама, ты не знаешь, сколько времени?
- Девять часов тридцать минут.
- Уже так поздно? !

- Простите, вы не знаете, сколько времени?
- Десять часов.

- Татьяна Петровна, вы не знаете, сколько времени?
- Нет, не знаю. Я не знаю, где мои часы.

러시아 어로 시간을 묻고, 그 표현을 활용하기

Сколько сейчас времени?
지금 몇 시 입니까?

시간을 말할 때, 현재 시간을 말하고 몇 분인지를 덧붙인다. 한 시는 간단하게 час로 표현한다.

Сколько сейчас времени?	- Сейчас час.
지금 몇 시 입니까?	- 한 시입니다.

Сейчас восемь (часов) тридцать (минут)

8시 30분입니다.

정확하게 발음하면서 시간을 묻는 표현을 익혀 봅시다.

Сейчас 2 (два) часа 2 (две)минуты

[и]

- Сколько сейчас времени?
- 5 часов.

[и][ф]

- Извините, вы не знаете, сколько сейчас времени?
- 8 часов.
- Спасибо.

- Сколько сейчас времени?
- 7 часов 30 минут.

과거시제에서의 완료상과 불완료상

- Что вы делали вчера
- Писал рассказ.

- Я написал рассказ.
- Прочитайте его, пожалуйста.

Самир писал письмо. Он написал его.

Жан решал задачу и решил её.

불완료상	완료상	불완료상	완료상
что де́лал? чита́л писа́л изуча́л	что сде́лал? прочита́л написа́л изучи́л	реша́ть я решаю ты реша́ешь они́ реша́ют	реши́ть зада́чу пробле́му
불완료상	완료상	불완료상	완료상
реша́л получа́л расска́зывал говори́л покупа́л	реши́л получи́л рассказа́л сказа́л купи́л	 реша́л реша́ла реша́ли реша́й(те)!	 реши́л реши́ла реши́ли реши́(те)!

러시아어에서 대부분의 동사는 불완료상 — 완료상의 짝을 이루고 있다. 불완료상 동사는 진행되는 동작, 반복 또는 습관적인 동작, 일반적 사실을 나타낸다. 이러한 불완료상 동사는 каждый день, часто, всегда, обычно 등과 결합한다. 완료상 동사는 일정한 시점에서의 동작과 운동의 완료를 나타낸다. 따라서 완료상 동사는 완결된, 혹은 완결될 동작과 운동을 나타내기 때문에, 과거시제와 미래시제만 가진다. 불완료상과 완료상 동사는 접두사에 의해 구분되는 것(читать — прочитать, писать — написать), 접미사에 의해 구분되는 것 (изучать — изучить, получать - получить), 전혀 어간이 다른 것 (говорить — сказать)으로 나누어진다.

아래의 대화를 읽어 봅시다.

동사가 어떤 상황에서의 과정을 표현하는지, 아니면 결과를 표현하는지 알아봅시다.

1

- Что ты делал вчера вечером
- Писал письмо дома

-Вы читали сегодня газету "Комсомольская правда"?
- Нет, ещё не читал

- Где ты был вчера вечером?
- Дома, решал задачи.

- Почему ты не была вчера в клубе?
- Я делала домашнее задание.

2

- Ты уже написал упражнение? Покажи, пожалуйста.
- Пожалуйста

- Ты уже прочитал газету?
- Да, прочитал. Возьми, пожалуйста.

아래의 대화를 읽어 봅시다.

- Ты уже прочитал рассказ?
- Да, прочитал.
- Дай, пожалуйста, книгу.

- Ты уже решил задачу?
- Решил
- Покажи, пожалуйста, ответ.

- Виктор, дай, пожалуйста, газету. Я хочу прочитать статью “Человек в космосе”.
- Пожалуйста.

- Жан, почему вы не пишете упражнение?
- Я уже написал его.

уже, ещё 에 대해 알아봅시다.

уже(already)는 우리말로 ‘이미’란 뜻이고, ещё(still)는 ‘아직’이란 뜻이다. 영어에서 ‘already’를 사용 가능할 때, 러시아어에서는 ‘уже’를 쓴다. 영어에서 ‘still’을 사용 가능할 때, 러시아어에서는 ‘ещё’를 쓴다.

Валя уже учится в университете!
발랴는 이미 대학교에서 공부하고 있다!

Поезд уже здесь? - К счастью, ещё нет
기차가 이미 여기 도착했니? -다행스럽게도, 아직 도착하지 않았어.

Они уже готовы? - Ещё нет!
그들은 이미 준비 됐어? -아직은 아니야!

‘반복’이나 ‘동작의 연속’ 표현

кто		как часто
Джон	чита́л кни́ги покупа́л газе́ты получа́л пи́сьма	ка́ждый день ча́сто ре́дко иногда́ всегда́ обы́чно

아래의 대화를 읽어 봅시다.

동사가 어떤 상황에서의 반복되는 행위를 표현하는지, 아니면 일회적 행위를 표현하는지 알아봅시다.

- Что ты делал вчера вечером?
- Читал.
- Ты читаешь каждый вечер?
- Конечно.

- Я видел, как ты делал зарядку.
- Да, я делаю зарядку каждый день.
- А сколько времени ты делаешь её?
- Минут 15-20.

- Сегодня я получил письмо из дома.
- Вы часто получаете письма?
- К сожалению, редко.

упражнения

1. 다음 텍스트를 번역하고 내용을 이해한 후, 러시아어로 대답하시오.

Миша, Алёша и Дима учатся в школе. Они изучают математику, физику, химию и другие предметы. Друзья любят математику. Миша говорит, что математика - самый интересный предмет. Он много занимается. Алёша тоже много занимается. Он говорит, что математика интересный, трудный предмет. И Дима любит математику. Но он не любит работать. Дима любит смотреть телевизор.

Вчера учитель математики задали домашнее задание - решить трудные задачи. Вечером Миша решал задачи и быстро решил их. Алёша тоже решал задачи. Он решал их долго, 3 часа и решил их

Дима не решил задачи. Как вы думаете, почему ?. . .

1) Почему Миша быстро решил задачи?

2) Алёша решал задачи?

3) А что делал Дима?

2. 다음 대화를 소리 내어 읽고 우리말로 옮기세요. 동사가 어떤 상황에서의 과정을 표현하는지, 아니면 결과를 표현하는지 적어보세요.

- Вы уже прочитали статью “Человек в космосе”?
- Прочитал.
- А сколько времени вы читали её?
- 30 минут.
- Вы хорошо написали контрольную работу.

- Спасибо.

- Хуан, почему вы не читаете текст?
- Я уже прочитал его.
- Интересный текст?
- Не очень.

- Ты уже решил задачу?
- Да, решил.
- Какой ответ?
- 20 километров.

- Ты уже решил задачу?
- Я решал её, но не решил.
- Очень трудная задача.

3. 다음 대화를 소리 내어 읽고 우리말로 옮기세요.

- Сколько времени вы изучаете русский язык?
- Почти месяц.
- Только месяц? Но вы уже неплохо говорите по-русски.

- Вы хорошо говорите по-русски?
- Нет, конечно. Я изучаю русский язык только месяц.

- Ты хорошо говоришь по-испански. Сколько времени ты изучал испанский язык?
- 5 лет.

★ 단어외우기

Африка 아프리카
Ах 아아!
всё время 늘
всегда́ 항상
до́лго 오랫동안
друг 친구
друг дру́га 서로(들)
друг дру́гу 서로(에게)
друг о друге 서로에 관해
дуэ́т 이중창
дя́дя 아저씨
Евро́па 유럽
европе́йский 유럽의
ещё 아직
ещё раз 다시 한 번
жаль 애석하다
жар 열
жа́рко 뜨겁게, 뜨겁다
же (강조하는) 소사
жизнь 생활, 생명
задава́ть 부여하다
закрыва́ть 닫다
замолчать 입을 다물다, 잠잠해지다
зато́ 그 대신에
заче́м 무엇 때문에
звать 부르다
здоро́вый 건강한
знако́мый 잘 아는
знамени́тый 유명한
зна́чить 의미하다
игра́ 놀이, 연기
игра́ть 놀다, 연기하다
из 안으로부터
из-за 뒤로부터
из-под 밑으로부터
изба 농가
или 혹은, 아니면
иногда́ 때때로
инструктор 교관
интере́сный 흥미 있는
интересова́ться 흥미를 가지다
Ирку́тск 이르꾸츠끄
иску́сство 예술
исто́рия 역사, 이야기
карма́н 주머니
ка́сса 매표구
круго́м 주위에
Крым 끄림
кста́ти 알맞은 때에
ли́ния 선, 진로
лист 나뭇잎, 종이
мело́дия 멜로디
меня́ть 변경하다
насморк 코감기
наступа́ть 다가오다
ну 자, 그럼

Нью-Йóрк 뉴욕
обещáть 약속하다
óтпуск 휴가
пакéт 봉지
покóй 평온
прáктика 실습
пьéса 희곡
ремóнт 수리
ромáн 장편소설
рот 입
роя́ль 그랜드 피아노
секрéт 비밀
семнáдцать 17
счáстье 행복
урá 만세!
Урáл 우랄
Хабáровск 하바롭스끄
Чикáго 시카고
чýдо 기적
шум 소음
янвáрь 1월

♪ 러시아 노래를 배워 봅시다.

Очи чёрные

Очи чёрные, очи страстные,
Очи жгучие и прекрасные,
Как люблю я вас,
Как боюсь я вас,
Знать, увидел вас
Я в недобрый час.

검은 눈동자

검은 눈동자, 열정에 어린 눈동자,
이글거리는 아름다운 눈동자,
나 얼마나 당신을 사랑하는지,
나 얼마나 당신을 숭배하는지,
불행한 때 나 당신을 보오.

우리에게도 이미 친숙한 "검은 눈동자"는 작곡가가 알려지지 않은 러시아 집시의 민요이다. "카츄사"가 대중작곡가 브란쩨르에 의해 작곡된 대중가요(군중가요)인 것과 비교된다. 러시아 민요란 결혼과 장례, 징병 등 가족 행사 때나 연중 행사 때 부르는 노래이다. 러시아 민요의 전수자는 주로 농민이다. 농민의 민요는 사랑, 가정 생활

등의 주제를 다루는데, 율동 없이 부르기도 하고 무용과 놀이를 곁들이기도 한다. 한편으로 마부와 사공, 병사들도 러시아 민요의 전통을 이어갔는데, 마부의 민요로는 "끝없는 황야", 사공의 민요로는 "볼가 강의 뱃노래", 병사의 민요로는 "검은 까마귀가"가 대표적인 것이다.

문화 속 에티켓 알기

러시아인과 사귈 때나 비즈니스를 할 때, 가장 중요한 점은 러시아인의 마음을 얻는 것이다. 특히 러시아에서의 비즈니스는 사람의 마음을 얻고, 그 마음을 사야하기 때문에 어렵다. 그렇다면 러시아인의 마음을 얻는 가장 좋은 방법은 무엇일까? 그것은 러시아인의 정신(15과 참조)과 심성에 '문화적'으로 접근하는 것이다. 이에 대한 몇 가지 방법을 간단하게 소개한다. 러시아인의 마음을 얻는 방법으로는 '바냐'라고 불리는 사우나(14과 참조)에서 함께 시간 보내기, 보드카 마시기, "다차"라고 일컫는 주말농장에서 같이 여가 즐기기(11과 참조)등을 꼽을 수 있다. 러시아인과 보드카를 마실 경우에는, 일단 병마개를 딴 보드카는 그 자리에서 다 마셔야 한다. 보드카를 남겨 둔 채 병마개를 닫지 말아야 한다는 뜻이다. 러시아인들과 진정으로 친구가 되고자 한다면, 그들이 권하는 보드카 잔을 거부해서는 안 될 뿐만 아니라, 잔을 채웠다면 한 번에 모두 마셔야 한다. 러시아인들은 그래야만 불행이나 재앙이 닥쳐오지 않는다고 믿기 때문이다. 러시아인도 아닌 당신이 러시아어로 "한 방울이라도 남기지 마라, 재앙을 남기면 안돼"라고 능숙하게 말하면서 보드카를 한 입에 털어 넣어 보라! 러시아인에게 러시아의 문학과 체호프 연극, 음악에 대해 찬탄하는 것 이상의 효

과가 있으리니! 그들의 마음을 얻는 방법으로 괜찮지 않은가? 당신이 비즈니스에 성공하는 건 덤이다!

사족 러시아 바이어가 자발적으로 휴대전화번호를 알려 줄 때까지는 꾹 참고 기다려라(러시아에선 휴대전화를 받기만 해도 요금을 지불해야한다. 그렇다고 회사가 그 요금을 납부해 주지는 않는다). 바이어의 휴대전화번호를 알아내 전화하는 건 '다 된 밥에 코 빠뜨리는 격'임을 기억하자!!

제 10 과 (урок10)

발음에 유의하며 정확하게 읽어봅시다.

↗ [в] + б, д, г, в, з, ж, м, н, л, р
В
↘ [ф] + п, т, к, ф, с, ш, щ, ч, х, ц

вба[вба]	вма[вма]	впа[фвпа]	вша[фша]
вда[вда]	вна[вна]	вта[фта]	вча[фча]
вга[вга]	вла[вла]	вка[фка]	вха[фха]
вва[ва]	вра[вра]	вфа[фа]	вца[фца]
вза[вза]		вса[фса]	
вжа[вжа]		вша[фша]	
[в]	[в]	[ф]	[ф]
в аптéке	в библиотéке	в столи́це	вчерá вéчером
в университéте	в дóме	в пáрке	в свобóдное врéмя
[ы]	в гóроде	в теáтре	
	в музéе	в клу́бе	
в институ́те	в зáле	в цéнтре	
	в журнáле	в шкóле	

운동의 방향

кто 누가	куда? 어디로
Виктор идёт	в университе́т в общежи́тие. на по́чту.
Анна едет	в Ки́ев. в Ри́гу.

이동동사 : идти́, е́хать

러시아어에서 기본적인 이동동사로 идти와 ехать를 들 수 있다. идти 동사는 동작의 주체가 자기 힘으로 걸어서 갈 때 사용하고, ехать 동사는 탈 것을 타고 갈 때 사용한다. 동사의 변화는 아래와 같다.

идти́

я иду́	мы идём
ты идёшь	вы идёте
он/она идёт	они иду́т

어간 : ид

명령법 : Иди́(те)!

е́хать

я е́ду	мы е́дем

ты éдешь	вы éдете
он/она éдет	они éдут

어간 :	ед +
명령법 :	Поезжáй(те)!

Вы не так едете. 넌 길을 잘못 들었다.

Поезжайте вперёд! 앞으로 나아갑시다!

Иди сюда! 이리로 와!

Эта дорога идёт к шоссе № 60?
이 길이 고속도로 № 60으로 향해 갑니까?

Куда Анна идёт? - Она идёт сюда.
안나는 어디로 가니? -그녀는 이리로 와.

идти́와 éхать는 '가다' 혹은 '오다'로 옮겨질 수 있다. идти 동사는 시간, 영화(필름), 비, 눈 혹은 길과 결합하여 동작의 진행 혹은 방향을 나타낼 때 사용된다. 두 발로 걸어서 갈 때는 идти́와 пешкóм을 결합해서 사용하고, 탈 것을 타고 갈 때는 éхать на + 탈 것의 전치격을 사용한다.

Вы едете в университет на метро или на автобусе?
당신은 대학교에 지하철을 타고 갑니까 아니면 버스를 타고 갑니까?

Мы идём домой пешком, а он едет на машине
우리는 걸어서 집으로 가는데, 그는 자동차를 타고 간다.

Они едут в театр на такси, потому что идёт снег.
그들은 눈이 내리기 때문에 택시를 타고 극장에 간다.

➔ 비교해서 기억하기

이동 동사가 일정한 방향으로의 운동을 표현할 때, куда(어디로), сюда(이리로), туда(저리로)와 함께 사용된다. 장소와 관련해서는 где(어디에), здесь(여기에), там(저기에)가 사용된다.

Куда вы едете? - В Киев.
당신은 어디로 갑니까?
- 끼예프로 갑니다.

Где вы живёте? - В Киеве
당신은 어디에 삽니까?
- 끼예프에 삽니다.

Куда они идут?
- Они идут домой
그들은 어디로 갑니까?
- 집으로 갑니다.

Где они? - Они дома
그들은 어디에 있나요?
- 집에 있어요.

Он едет туда?
- Нет, он едет сюда.
그는 저리로 가나요?
- 아뇨, 이리로 와요.

Он там?
- Нет, он здесь.
그는 저기에 있나요?
- 아뇨, 여기에 있어요.

где는 항상 '존재하다'라는 동사 혹은 처해 있는 상태를 표현하는 동사와 함께 사용되며 전치격과 결합한다. 반면에 куда는 항상 이동 동사와 함께 사용되며 대격과 결합한다.

А я сейчас где? - В деревне Волково

그런데 난 지금 어디에 있지요? - 볼꼬보라는 마을에 있답니다.

Куда вы едете? – В деревню Волково.
당신은 어디로 갑니까? - 볼꼬보라는 마을로 갑니다.

Куда вы ↗ идёте? / ↘ едете?

Где вы ↗ учитесь? / ↘ работаете?

Я иду в университет.
Я еду в школу

Я учусь в университете.
Я работаю в школе.

куда?	где?
домóй тудá сюдá	дóма там здесь

정확하게 소리 내어 읽어봅시다.

В-[в]

иду / еду
в университéт
в институ́т
в музéй
в магази́н
в библиотéку

В-[ф]

иду / еду
в парк
в клуб
в центр
в кинó
в шкóлу

Это школа. Я иду в школу. Я работаю в школе.

- Куда вы едете?

- Я еду в театр.

- Жан, идите сюда! Посмотрите новый журнал.

➔ 운송 수단의 이용

Я еду на машине

ехать на чём

на автóбусе

на маши́не

на такси́

на тролéйбусе

на метрó

на трамвáе

➔ пойти, поехать

хочу пойти куда?
пойдём(те)!

- Я хочу пойти в кино
- Пойдём вместе, я тоже хочу пойти туда.

хочу поехать куда?
поедем(те)!

- Я хочу поехать в центр
- Поедем вместе, я тоже хочу поехать в центр

- Куда ты идёшь?
- В кино.
- Я тоже хочу пойти в кино.
- Пойдём вместе!
- Пойдём.

- Куда ты едешь?
- В парк.
- Я тоже хочу поехать в парк.
- Поедем вместе!
- Очень хорошо.

만족과 유감의 표현

- Нина, пойдём в кино. 니나, 영화 보러 가자!
- **С удовольствием.** 그래, 기꺼이.

- Жан, пойдём на стадион. 잔, 체육관에 가자.
- **Очень жаль**, но я ещё не сделал домашнее задание
 애석하게도, 난 아직 숙제를 다 하지 못했어.

идти́ - ходи́ть, е́хать - е́здить

이동 동사라고 일컬어지는 일군의 동사들 중에 **ходи́ть** 동사는 **идти́** 동사와 짝을 이룬다. 이 가운데 **идти́** 동사는 특정한 시간에 일정한 방향으로 실제 진행 중인 동작을 나타내는 정태 동사다. 반면에 **ходи́ть** 동사는 실제 진행 또는 일정한 방향의 의미를 담지 않은 경우에 사용되는 부정태 동사다. 정태와 부정태의 짝을 갖는 대표적인 동사로는 **е́хать**와 **е́здить**가 있다. **е́хать**는 정태동사이고, **е́здить**는 부정태동사이다.

ходи́ть:	가다 *(to go and return)*
я хожу́	мы хо́дим
ты хо́дишь	вы хо́дите
он/она хо́дит	они хо́дят
어간 :	ход
명령법 :	Ходи(те)!

Маша ходила в школу. Она сейчас дома.

마샤는 학교에 갔다 왔다. 그녀는 지금 집에 있다.

Я хожу на работу пешком.
나는 걸어서 일터로 간다.

éздить 동사는 éхать 동사처럼 '탈 것을 타고 가다'라는 의미를 가지는데, 부정태 동사라는 걸 기억해 두자.

éздить:	탈 것을 타고 가다 (to go and return)
éзжу	мы éздим
éздишь	вы éздите
он/она éздит	они éздят
어간 :	езд
명령법 :	

Наша дочка ездит с нами.
우리 딸은 우리와 함께 (탈 것을 타고) 간다.

Где ты была? - Я ездила в Москву(Я была в Москве)
넌 어디에 있었니? - 난 모스크바에 갔다 왔어.

➔ 정태 동사와 부정태 동사의 짝을 기억하며, 아래 문장과 비교해봅시다.

Сейчас он идёт в университет
지금 그는 대학교로 간다.

Вчера он ходил в университет
어제 그는 대학교에 갔다 왔다.

Сейчас она едет в Москву
지금 그녀는 모스크바로 (탈 것을 타고) 간다.

Летом она ездила в Москву
여름에 그녀는 모스크바에 (탈 것을 타고) 갔다 왔다.

요일 말하기

какой день?	*когда?*
понедельник 월요일	в понедельник 월요일에
вторник 화요일	во вторник 화요일에
среда 수요일	в среду 수요일에
четверг 목요일	в четверг 목요일에
пятница 금요일	в пятницу 금요일에
суббота 토요일	в субботу 토요일에
воскресенье 일요일	в воскресенье 일요일에

러시아에서 한 주는 월요일에 시작해서 일요일에 끝난다. 따라서 다음과 같은 방법으로 요일을 기억하면 도움이 된다.

주(неделя)가 시작(по-) 되는 날 : понеде́льник
주의 두 번째(второй) 날 : вто́рник
주의 가운데(середина) 날 : среда́
주의 네 번째 날(четвёртой) : четве́рг
주의 다섯 번째 날(пятый) : пя́тница
안식일(Sabbath) : суббо́та
부활(воскресение) 일 : воскресе́нье

'오늘 무슨 요일이죠?'하고 물을 때는 주격으로 요일을 말하면 된다. '월요일에', '화요일에' 등으로 말할 때는 요일을 대격으로 표현해야만 한다. '화요일에'라는 표현에 특히 주의할 것(전치사가 в가 아니라 во이다. 우리말의 자음충돌 회피 현상과 유사).

묻고 대답하기

- Жан, куда ты ходил в воскресенье вечером?
- В цирк.

- Антон, где ты был в субботу?
- Вечером? Ходил на стадион.

- Самир, я не видел тебя в воскресенье в клубе.
- Я не был в клубе. Я ходил в театр.

수사 + 명사

1	час студент	минута студентка	словарь	тетрадь	письмо
2~4	часа студента	минуты студентки	словаря	тетради	письма
5~20 сколько много мало	часов студентов	минут студенток	словарей	тетрадей	писем

1	санаторий	аудитория	общежитие
2~4	санатория	аудитории	общежития
5~20 сколько много мало	санаториев	аудиторий	общежитий

2 이상의 수사와 함께 사용되는 명사는 수량 생격이 되는데, 이것은 시간을 표현할 때에도 그대로 통용된다. 셀 수 있는 명사는 1과 함께 사용되면 단수주격, 2, 3, 4와 함께 사용되면 단수 생격, 5 이상의 수사와 함께 사용되면 복수 생격이 된다. много, мало, сколько와 함께 사용되는 셀 수 있는 명사도 복수 생격이 된다.

10 (де́сять)	20 (два́дцать)	30 (три́дцать)	40 (со́рок)
50 (пятьдеся́т)	60 (шестьдеся́т)	70 (се́мьдесят)	80 (во́семьдесят)
90 (девяно́сто)	100 (сто)	200 (две́сти)	300 (три́ста)
400 (четы́реста)	500 (пятьсо́т)	600 (шестьсо́т)	700 (семьсо́т)
800 (восемьсо́т)	900 (девятьсо́т)	1000 (ты́сяча)	
1000000 (миллио́н)			

➔ 의무 표현

Я должен пойти в библиотеку и взять учебник

Виктор	**до́лжен**	*пойти в библиотеку.*
Анна	**должна́**	*написать статью.*
Виктор и Анна	**должны́**	*заниматься.*

‘ 해야만 한다’ 라는 의무를 표현하는 должен은 문장의 주어의 성과 수에 따라서 형용사 단어미 형태와 같이 변화한다. должен 다음에는 항상 동사 미정형이 따라 온다.

Вы должны отдыхать и пить тёплое питьё

당신은 휴식을 취하면서 따뜻한 음료를 마셔야만 해요.

Она сегодня не должна идти в школу - она больна

그녀는 오늘 학교에 가지 말아야 해 - 아프거든!

упражнения

1. 다음 텍스트를 번역하고 내용을 이해한 후, 러시아어로 대답하시오.

Виктор и Наташа — мои русские друзья. Я плохо знаю Москву, потому что я приехал два месяца назад. А Виктор и Наташа хорошо знают Москву, потому что они москвичи. Они родились и выросли в этом городе.

В воскресенье мы вместе ездили в центр города. Мы ходили в Кремль. Наташа говорит, что Кремль — это сердце Москвы. Здесь работает русское правительство. В Кремле находятся замечательные архитектуры и памятники.

Мы долго гуляли в центре Москвы. Видели старое здание Московского университета. В киоске университета я купил книгу.

1) Как вы думаете, был ли Жан на Красной площади?

2) Расскажите, что видел Жан во время прогулки

2. 다음 대화를 우리말로 옮긴 후, идти ехать 동사의 쓰임을 설명해 봅시다.

- Куда ты идёшь?
- В библиотеку.

- Куда вы едете?
- В книжный магазин. Хочу купить учебник. У меня нет учебника.

3. 다음 대화를 우리말로 정확하게 옮기세요.

- Виктор, пойдём в цирк. У меня есть билеты.
- Не могу, я должен заниматься.
- Анна, хочешь пойти на концерт?
- Очень хочу, но не могу, я должна перевести статью.

4. 괄호 안에 들어갈 말을 올바르게 써 넣으시오.

1)

куда?	где?
домой	( )
( )	там
( )	здесь

2)

10 ( )	20 (двадцать)	30 (тридцать)
40 ( )	50 ( )	60 (шестьдесят)
70 (семьдесят)	80 (восемьдесят)	90 ( )
100 ( )	200 ( )	300 ( )
400 (четыреста)	500 ( )	600 ( )
700 (семьсот)	800 (восемьсот)	900 (девятьсот)
1000 ( )	1000000 ( )	

★ 단어외우기

абажу́р 램프의 갓
Австра́лия 호주
А́зия 아시아
акаде́мия 아카데미
армия 육군, 군
боя́ться 두려워하다
брать 잡다, 가지다
буты́лка (술)병
везде́ 도처에
верши́на 꼭대기
выбира́ть 선택하다
выраста́ть 성장하다
гало́ша 덧신
греть 따뜻하게 해주다
гру́ппа 집단
дама 귀부인
десе́рт 디저트
дикто́вка 받아쓰기
дире́ктор 지배인
достава́ть 꺼내다
е́здить 타고 다니다
е́хать 타고 가다
жале́ть 애석해 하다
забыва́ть 잊다
заезжа́ть 들르다
за́навес 장막
заставля́ть 하지 않을 수 없게 하다
инжене́р 기사
Ки́ев 끼예프
киломе́тр 킬로미터
клуб 클럽
ковёр 양탄자
колхо́з 집단농장
компози́тор 작곡가
коне́ц 끝
коне́чно 물론
конто́ра 사무소
конфе́та 사탕
культу́ра 문화
курс 과정, 학년
ло́жка 숟가락
ло́шадь 말(馬)
луч 광선
ма́сло 기름
мел 분필
мо́жет быть 아마도
мяч 공(ball)
носово́й платок 손수건
носо́к 양말
ня́ня 유모
о́сень 가을
основа́тель 설립자
пе́ние 노래
перево́д 번역
пи́сьменный 필기용의
пи́сьменный стол 책상

пол 마루

портре́т 초상(화)

посу́да 식기

пра́вый 우측의, 정당한

приро́да 자연

пти́ца 새

ры́ба 생선

свида́ние 면회(面會)

три́ста 300

тротуа́р 보도(步道)

труд 노동, 일

у́гол 구석

шля́па (털)모자

♪ 러시아 노래를 배워 봅시다.

Осенняя песня

В осенний сад зовут меня воспоминания мои,
Горит оранжевый наряд.
И воздух свеж, и журавли курлычат в небе,
И кажется, что мы с тобой не расставались никогда,
Ты словно воздух и вода живёшь со мной,
не разлучалась.

가을 노래

가을 정원으로 날 이끄는 내 지난날의 추억,
오렌지 색 차림으로 타오른다.
신선한 공기, 하늘에서 울음 우는 백학,
우린 결코 이별하지 않을 줄 알았다오,
헤어지지 않고, 공기와 물처럼 함께 살아갈 줄 알았다오.

이 곡은 이별의 아픔을 노래한 러시아 로망스이다. 도입부에서 1분 30초 간의 허밍으로 가을날의 정취와 희미한 옛사랑의 그림자를 떠올리게끔 한다. '러시아 로망스'는 사랑과 이별, 인간 영혼, 자연 등을 주제로 한 서정적 가사와 고전 음악에 사용되는 악기들을 중심으로 반주하는 특징이 있다. 러시아 로망스는 18세기 말 생겨나 귀족들의 사랑을 받았지만, 1917년 사회주의 혁명으로 인해 유산계급의 노래라고 핍박을

받았다. 그러한 수난의 시대를 지나 러시아 로망스는 다시 활짝 꽃을 피우는데, 그 중심에는 안나 게르만이 우뚝 서 있다. 그녀는 1964년 제2회 폴란드 송 페스티발에서 대상을 수상했고, 소련의 국영 레코드사 '멜로디아'에서 첫 앨범을 발표했다. 그녀는 러시아 로망스를 더욱 아름답고 예술적인 장르로 승화시켰으며, 러시아의 국민 가수인 알라 뿌가쵸바에게도 큰 영향을 미쳤다

문화 속 에티켓 알기

러시아에선 연극을 상연하는 극장, 영화관, 레스토랑, 박물관, 심지어 일반 건물에서조차도 외투나 겉옷을 맡아 두는 보관소가 있다. 이런 장소에 가서는 두터운 외투나 겉옷, 모자 등을 착용하고 들어가거나 가지고 들어가서는 안 된다. 대다수의 러시아인들이 외투나 겉옷에는 여권이나 신분증, 돈지갑을 넣어 두지 않는 이유가 바로 여기에 있다. 한편 레스토랑이나 나이트클럽에서 당신을 테이블로 초대해 술을 권하거나 함께 춤을 추자고 요청할 경우에는 정중하고 우아하게 응하는 것이 좋다. 낯선 외국인에게 술을 권하거나 춤을 요청하는 건 '러시아적 관례'라고 생각하고, 너무 예민하게 반응하거나 내숭떨지 않는 게 자연스럽다. 한편 러시아인에게 제스처로 의사 표현을 할 경우에도 조심해야 할 사항이 몇 가지 있다. 미국식 오케이 신호인 엄지와 검지로 원을 만드는 제

스처는 삼가는 게 좋다. 더구나 한 손가락으로 어떤 사물이나 방향을 지시하는 건 금물이다. 그렇게 해야 할 상황에선 가능한 한 모든 손가락을 모아 손으로 사물이나 방향을 가리켜야만 한다.

사족 러시아인이 대화하다가 나무로 된 물건을 3번 두드려도 당황하지 말길! 이건 좋은 일에 대해 악마가 듣고 시기하지 않도록 하기 위해 취하는 조치이니까.

제 11 과 (урок 11)

여격(~에게)

- Кому вы пишете письмо?
- Брату. Он учится в Москве.

Виктор	написал	письмо	Антону	(кому)
Марта	написала		Анне	
Виктор и Марта	написали			
			мне	нам
			тебе	вам
			ему/ей	им

여격 대명사는 일반적으로 간접 목적어로 표현되는데, 누구에게 (кому?)라는 물음에 대한 대답이다. 특정 동사와 표현은 여격(여격 대명사)을 요구 한다: 돕다(**помогать**), 주다(**дать**), 말하다(**сказать**), 조언하다(**советовать**).

- Напишите нам письмо!
  우리에게 편지를 쓰세요!
- Дайте мне, пожалуйста, один билет.
  표 한 장을 내게 주세요.
- Он им помогает учить русский язык.
  그는 그들이 러시아어 공부 하는걸 돕는다.
- Скажите мне, когда начинается фильм?
  언제 영화가 시작되는지 내게 말해줘요.

- Анна советует Марте прочитать статью.

안나는 마르따에게 논문을 읽으라고 조언한다.

읽어 봅시다

- Вы не знаете кому Николай Петрович дал журнал?
- Никому не дал. Он ещё не прочитал его.

- Какой сувенир вы советуете мне купить брату?
- А что он любит?
- Он любит музыку.
- Купите ему пластинку.

나이 표현

Виктору	21 год.		1 год	
Анне	24 года.	кому	2, 3 , 4 года	
Мне	25 лет.		5	20 лет

나이를 표현할 때 그 대상이 되는 사람은 여격으로 쓴다. 사람의 나이는 год로 표현하는데, 2, 3, 4 뒤에서는 года를 쓰고, 5이상의 수사나 수량을 나타내는 말(сколько) 뒤에서는 лет(лето의 복수 생격) 을 쓴다.

- У меня есть хороший друг. Его зовут Джон.
- Сколько ему лет?
- Ему 20 лет.

- Оля, сколько тебе лет?
- Мне уже 4 года.

нравиться (좋아하다, 맘에 들다) 구문

кому?		*что? 주어*
Виктору	нравится	этот балет.
Анне		эта книга.
Виктору и Анне		это письмо.
Виктору	нравятся	эти книги.
Анне		
Виктору и Анне		
Виктору	понравился	этот балет.
Анне	понравилась	эта книга.
Виктору и Анне	понравилось	это письмо.
Им	понравились	эти сувениры

러시아어에는 동사 **любить**외에도 '좋아하다, 맘에 들다'라는 뜻을 가진 동사가 있는데, 이것이 바로 **нравиться**이다. 동사 **любить**는 타동사로 직접 목적어(대격 또는 동사 미정형)를 취하는데 반해, 동사 **нравиться**는 '좋아하는 사람'은 여격이 되고,'좋아하는 대상'이 주격(또는 동사 미정형)이 된다.

Вуди Аллен мне очень нравится! 우디 알렌은 내 맘에 쏙 든다!
(난 우디 알렌이 매우 좋다!)

Тебе нравятся эти фильмы? 이 영화들이 네 맘에 드니?
(넌 이 영화들을 좋아하니?)

Ей понравилась эта книга? 이 책이 그녀 맘에 들었어?
(그녀는 이 책을 좋아해?)

Вам нравится изучать русский язык?

당신은 러시아어 공부하는 게 좋아요?

нравиться 동사에 유의해서 읽어봅시다.

- Николай Петрович, вы смотрели вчера по телевизору новый фильм?
- Да, смотрел. Мне очень понравился этот фильм.
- Мне тоже.

- Хуан, ты читал эту статью?
- Нет, не читал.
- Мне очень понравилась эта статья.
- Советую тебе прочитать её.

미래시제

когда?	*кто?*	*что будет делать?*
Завтра Завтра утром Скоро	Виктор Анна Виктор и Анна	будет читать. будет писать. будут заниматься.
когда?	*кто?*	*что сделает?*
Завтра Завтра утром Скоро	Виктор Анна Виктор и Анна	прочитает эту книгу. напишет письмо. сдадут экзамен.
быть я буду ты будешь он/она будет мы будем вы будете они будут	+ читать =	прочитать что? прочитаю прочитаешь прочитает прочитаем прочитаете прочитают

시제 \ 상	чита́ть	прочита́ть
현재 시제	я чита́ю ты чита́ешь они чита́ют	
과거 시제	он чита́л она чита́ла они чита́ли	он прочита́л она прочита́ла они прочита́ли

미래 시제	я бу́ду чита́ть ты бу́дешь чита́ть они бу́дут чита́ть	я прочита́ю ты прочита́ешь они прочита́ют

완료상 동사 прочитать는 동작이 '완료 되었는가(과거시제)', '완료될 것인가(미래시제)'를 말하는 경우에 사용된다. 따라서 완료상 동사에는 현재시제가 없다. 완료상 동사의 과거형과 미래형은 불완료상 동사의 과거형과 현재형처럼 각각 변화한다. 한편 불완료상 동사의 미래형은 동사 быть의 미래형에 불완료상 동사의 미정형을 결합하여 만든다.

미래시제에 유의해서 읽어 봅시다.

- Сегодня вечером я **буду смотреть** программу "Время". Я **посмотрю** программу "Время", а потом **напишу** письмо Анне.

- Ты **будешь читать** газету?
- Нет, я уже прочитал её утром.
- А я вечером **прочитаю** её. Сейчас я занят.

접속사를 사용한 복문

의문대명사 кто, что는 문장 가운데서 접속사의 역할을 할 때가 있다. 의문부사 когда, где 역시 앞뒤의 문장을 접속하는 역할을 하기도 한다(아래의 예문에서 의문대명사 кто와 의문부사 когда, где는 의문사의 기능을 간직한 채, 간접의문을 나타내기도 한다. 한편 의문대명사 что는 어느 경우 의문사의 기능을 잃고 순수한 접속사 역할을 하기도 한다).

Антон спросил Виктора, кому он купил цветы.

Виктор сказал Антону, что он купил цветы Анне.

спросил *кого?*	сказал *кому?*
	ответил

Антон спросил Виктора, кому он дал гитару.
кого он пригласил в кино.
где он будет ждать Анну.
когда он позвонит Анне.

Виктор сказал Антону, что он дал гитару Анне.
он пригласил в кино Анну.
он будет ждать её дома.
он позвонит ей вечером.

다음 대화를 연습하세요.

- Антон, кому ты подаришь пластинку?
- Я подарю её Марте, у неё завтра день рождения.

- Анвар, где ты жил раньше?
- В Тунисе.

- Олег, куда вы ездили недавно?
- В Ленинград.

войти выйти

войти(в)
(들어가다)

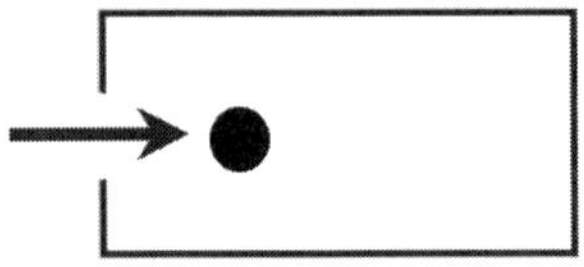

выйти(из)
(나가다)

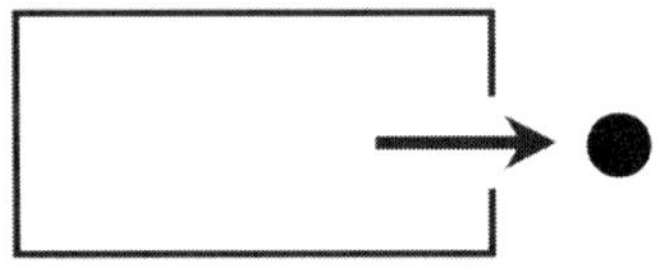

войти

он вошёл

она вошлá

они вошли́

выйти

он вышéл

она вышлá

они вышли́

이동 동사에 유의하면서 다음의 상황을 이해해 봅시다.

Преподаватель вошёл в аудиторию, и мы сказали ему : “Здравствуйте!” по-русский

Преподаватель сказал нам: “До свидания” и вышел из аудитории.

Однажды, когда я отдыхал, в комнату вдруг вошёл мой сын. Он взял книгу и тихо вышел.

упражнения

1. 러시아어로 작문하세요

1) - 넌 누구에게 편지를 쓰니?
   - 난 여동생에게 편지를 써.
2) 난 동생이 러시아 어 공부하는 걸 도와주었다.
3) 이 책이 내 맘에 쏙 든다.
4) 오늘 저녁에 이 책을 반드시 읽을 것이다.
5) 이반, 넌 여기서 누구를 기다리고 있니?
6) 쟌나, 넌 이전에 어디에서 살았니?
7) 사샤, 왜 넌 내게 대답하지 않는 거니?
8) 대학생들이 강의실에서 나와 엘리베이터로 들어갔다.
9) 아버지는 딸에게 책을 읽으라고 조언한다.
10) 그녀는 25살이고, 그는 24살이다.
11) 안나는 이반이 누구에게 꽃을 선물했는지 물었다.
12) 보리스는 그녀가 누구를 극장에 초대하는지 이반에게 물었다.
13) 사샤는 그녀가 그를 도서관에서 기다릴 것이라고 안톤에게 말했다.
14) 내가 방에서 음악을 듣고 있을 때, 아내가 갑자기 방으로 들어 왔다.
15) 표 2장을 우리에게 주세요.

2. 다음 대화를 우리말로 정확하게 옮기세요.

- Виктор, кому ты хочешь подарить этот сувенир? Анне?
- Нет, не ей.

- Антону?
- Нет, не ему.
- Кате?
- Ла, ей, потому что у неё сегодня день рождения.

- Наташа, почему ты не отвечаешь мне?
- Потому что я не поняла, что ты сказал, Жан.

- Хуан, кого ты ждёшь здесь?
- Анну.

- Ты будешь читать сегодня этот рассказ?
- Нет, сегодня не буду читать, я занят, но обязательно прочитаю рассказ завтра.

★ 단어외우기

áдрес 주소
Амéрика 미국
амеркáнец 남자 미국인
амеркáнка 여자 미국인
амеркáнский 미국의
англи́йский 영국의
англичáнин 영국인
блокáда 봉쇄
блу́зка 블라우스
богáтый 돈 많은, 풍부한
варéнье 잼
Вáшингтон 워싱턴
вдоль ~을 따라
вещь 물건
взрóслый 어른의
ви́лка 포크
винó 포도주
витри́на 진열장
внук 손자
воображéние 상상(력)
вопрóс 문제, 물음
вóсемьдесят 80
восемьсóт 800
выезжáть (타고)출발하다
вы́ставка 전람회
выходи́ть 나가다
гóрло 목구멍
горя́чий 뜨거운
граммáтика 문법
дáча 주말농장
девянóсто 90
девятьсот 900
декáбрь 12월
дéло 일
дéтство 유년시절
длинá 길이
дождь 비(雨)
заня́тие 학과
заплáкать 울음을 터트리다
засмея́ться 웃음을 터트리다
звони́ть 벨을 울리다
интересовáться 흥미를 갖다
кáжется ~처럼 생각된다
кани́кулы 방학
карти́на 그림
кáшель 기침
Коля Николай의 애칭
конвéрт 봉투
край 지방
крéсло 안락의자
мавзолéй 묘
мéбель 가구
мéсто 장소, 자리
мéсяц 월, 달
молодёжь 청년
напи́ток 음료(수)

немнóго 약간, 조금
неохóтно 마지못해
огорóд 채소밭
одéжда 의복
пикни́к 소풍
рождéние 탄생
сэндвич 샌드위치
смех 웃음
травá 풀
удовóльствие 만족
ую́тный 쾌적한
фронт 전선(戰線)
целовáть 키스하다
центр 중앙, 중심
чáйка 갈매기
часы́ 시계
чéрез ~을 넘어서, 경유하여
чёрный 검은
четвéрг 목요일
чéтверть 1/4, 15분
четы́реста 400
шу́мный 소란한
этáж 층
ю́бка 치마, 스커트

♪ 러시아 노래를 배워 봅시다.

Молитва

Господи, ни охнуть, ни вздохнуть.
Дни летят в метельной круговерти.
Жизнь - тропинка от рождения к смерти.
Смутный, скрытый, одинокий путь.
Господи, ни охнуть, ни вздохнуть.

기도

주여, 한탄도 탄식도 물리쳐 주시옵소서.
눈보라의 소용돌이 속에서 빠르게 스쳐가는 날들.
인생이란 탄생에서 죽음으로 가는 오솔길이자,
혼란스럽고, 비밀스런, 고독한 여정.
주여, 한탄도 탄식도 물리쳐 주시옵소서.

이 곡은 도시 빈민가에 살고 있는 사람들의 운명과 희로애락을 담은 영화 <언약의 하늘>(1991년, 엘다르 리자노프 감독)에 사용된 곡이다. 이 노래를 부른 엘레나 깜부로바는 독특한 음색과 창법으로 러시아인들을 매료시켰다. 그녀는 성량도 풍부할 뿐만 아니라, 연극적 재능, 화려한 무대 매너까지 갖추어서 더욱 더 갈채를 받았다. 러시아 로망스를 부른 여자 가수 들 중에서 안나 게르만과 함께 최고의 칭송을 받고 있다.

문화 속 에티켓 알기

러시아인들은 여가를 어떻게 보낼까? 평일에는? 주말에는? 연휴나 휴가 때는? 평일에 러시아인들은 주로 독서를 하거나 공원 산책을 즐긴다. 러시아에 가면 사 계절 내내, 도심 한 가운데에 '나무가 숲을 이루는 공원'을 개를 데리고 산책하는 러시아인들을 만날 수 있다. 그것이 어느 순간부터 일상의 풍경처럼 자연스럽게 다가온다, 겨울에조차도. 주말에 러시아인들은 다차라고 일컫는 주말 농장에 가서 전원생활을 즐긴다. 특히 여름에는 더 자주 교외에 위치한 다차로 간다. 거기서 텃밭을 가꾸고, 신선한 공기를 호흡하며 휴식을 취한다. 만약 다차에 가지 않는다면 러시아인들은 뭘 할까? 예술 공연을 관람하거나, 축구 혹은 아이스하키 경기를 본다. 개중에는 직접 클럽에 가입하여 스포츠를 즐기면서, 팀을 이루어 친선 경기를 하기도 한다. 러시아에서도 유럽처럼 프로축구클럽 경기가 있는 날이면 경기장은 인산인해를 이룬다. 최근에는 러시아 경제가 고 성장세를 유지해서인지, 경제력 있는 여성들이 더 늘어나면서 다이어트 바람이 거세게 불고 있다. 이와 더불어서 주말마다 조깅과 자전거 타기, 레저용 스포츠를 즐기는 층이 두터워지고 있다. 여행을 좋아하는 러시아인들은 평균 21일인 유급 휴가철엔, 자연 경관이 좋은 곳으로 가족들과 여행을 떠난다. 러시아인들은 이 시기

에 대표적 휴양지인 흑해에 위치한 소치, 발트 해 연안, 바이칼 호 등으로 휴가를 간다. 종전에 러시아인들은 해외 여행이라고 하면, 그나마 저렴한 터키와 이집트로 가는 게 고작이었다. 하지만 요즈음에 들어서는 부자들도 많아져서 프랑스의 니스 해변, 카리브 해, 하와이, 몰디브, 괌, 사이판까지도 온 가족을 데리고 휴가를 떠나는 실정이다. 거기에서 러시아 신흥 부자들과 마피아 중간 보스 이상의 연인이나 가족들을 쉽게 접할 수 있다. 세계적인 휴양지의 6 호텔 급의 '전망 좋은 방'들은 신흥부자라고 일컫는 러시아인들과 그 가족들이 모두 차지하고 있다는 말이 돌 정도다.

사족 러시아 경제 호황을 이끌어가고 있는 푸틴의 인기와 지지도가 80%에까지 육박하고 있다. 그래서 푸틴 브랜드의 보드카와 만두가 날개 돋친 듯 팔리고 있다고 한다. 푸틴이 러시아인의 가장 중요하고도 기본적인 음식문화에까지 침투한 것이다. 21세기를 사는 지금, 우리나라에 '한국판 푸틴' 대통령이 나오는 건 역사의 퇴보일까?

제 12 과 (урок 12)

사건이나 동작이 일어난(일어날) 때를 알리는 표현

когда?			*что?*
Сегодня	у нас		экскурсия
Вчера	у вас	был	вечер
Вчера утром	у них	была	лекция
В 12 часов	в общежитии	было	собрание
В понедельник	в университете	были	занятия
Завтра	в клубе	будет	концерт
Скоро	на факультете	будут	экзамены

- Мама, скоро завтрак?
- Да, скоро.

- Мама, когда обед?
- Скоро, скоро. Подожди.

- Мама, когда ужин?
- В восемь.

다음 대화를 연습하세요.

- Хуан, почему ты не был вчера в клубе?
- А **что** там **было**?
- **Был** хороший концерт.

- А я не знал, что вчера в клубе **был** концерт.

- Скажите, пожалуйста, где **будет** лекция?
- В аудитории № 2.
- А когда?
- В 11 часов.

~ 와 함께(C + 조격)

кто?		*с кем?*	
Ви́ктор	был	с Анто́ном	
А́нна	была́	с Ма́ртой	
Ви́ктор и А́нна	бы́ли	**со** мно́й	с на́ми
		с тобо́й	с ва́ми
		с **ней**	с **ни́ми**
		с **ним**	

명사와 대명사의 조격은 주로 전치사 с (with)와 결합한다. мной앞에서는 с가 со로 된다. 전치사 с가 3인칭 대명사와 결합할 때는 3인칭 대명사 앞에 н-이 붙는다.

발음에 유의하며 읽어 봅시다.

[с]	[сы]	[з]
с Анто́ном	с Ива́ном	с Бори́сом
с Ви́ктором	с И́рой	с Зи́ной
с Ма́ртой		

- С кем вы бы́ли в кино́?
- С Ма́ртой.

- Вчера́ я был на дискоте́ке.
- Ты был с А́нной?
- Нет, не с А́нной.
- С Ма́ртой?
- Да, с ней.

- Вчера́ я была́ в кино́.
- Ты была́ с Ви́ктором?
- Нет, не с Ви́ктором.
- С Анто́ном?
- Да, с ним.

➔ играть с кем во что (누구와 함께 무슨 운동을 하다)

играть	**во что**
я игра́ю	в ша́хматы
ты игра́ешь	в футбо́л
они игра́ют	в хокке́й
игра́л, -а, -и	в те́ннис
буду игра́ть	в бадминто́н

- С кем вы лю́бите игра́ть в ша́хматы?
- С Борисом, потому́ что он о́чень хорошо́ играе́т.
- А я люблю́ игра́ть с Зиной, потому́ что она́ пло́хо игра́ет.

러시아어에서 играть동사가 게임이나 운동 경기와 결합할 때에는 전치사 в가 뒤따르고 게임이나 운동 경기의 대격이 온다. играть동사가 악기와 결합할 때에는 전치사 на가 뒤따르고 악기의 전치격이 온다.

Я люблю играть в баскетбол.
난 농구하는 걸 좋아한다.

Мы играем в карты или сын играет на гитаре, мы поём.
우리는 카드놀이를 하거나 아들이 기타를 치면 노래 부르기를 한다.

Он играл на рояле, а они играли в футбол.
그는 피아노를 연주했고, 그들은 축구를 했다.

직업 나타내기

кто?		*кто?*
Он		арти́ст. преподава́тель.
Она		арти́стка. преподава́тельница

кто?		*кем?*
Он	был	арти́стом. преподава́телем.
Она	была	арти́сткой. преподава́тельницей.
Он	будет	арти́стом. преподава́телем.
Она	будет	арти́сткой. преподава́тельницей.

кто? *кем?*

Влади́мир Петро́вич – инжене́р. Его́ сын то́же бу́дет инжене́ром.

кто? *кем?*

Еле́на Ива́новна – арти́стка. Её дочь то́же бу́дет арти́сткой.

Он будет врачо́м.
инжене́ром.
фи́зиком
матема́тиком
хи́миком
био́логом
агроно́мом
преподава́телем.
арти́стом.
учи́тельем
перево́дчиком

Она	будет	врачо́м.
		инжене́ром.
		фи́зиком
		матема́тиком
		хи́миком
		био́логом
		агроно́мом
		преподава́тельницей.
		арти́сткой.
		учи́тельницей.
		перево́дчицей.

러시아어에서 직업을 나타내는 명사는 동사 **быть** 혹은 **становиться/стать**와 결합한다. 동사 **быть**가 과거 또는 미래시제일 경우 직업을 나타내는 명사는 보통 조격이 된다.

Он был врачом.
그는 예전에 의사였다.

Она будет переводчицей.
그녀는 통역사가 될 것이다.

Он хочет быть учителем.
그는 교사가 되고자 한다.

Он хочет стать инженером.
그는 엔지니어가 되고자 한다.

- Кто вы по профессии?
당신의 직업은 뭔가요?
- Я музыкант.
난 음악가입니다.

- Простите, кто вы по профессии?
실례지만, 당신의 직업은 뭔가요?
- Я инженер.
난 엔지니어입니다.

조격 지배동사

интересова́ться +чем	**занима́ться +чем**
я интересу́юсь	я занима́юсь
ты интересу́ешься	ты занима́ешься
они интересу́ются	они занима́ются
интересова́лся	занима́лся
интересова́лась	занима́лась
интересова́лись	занима́лись
я бу́ду интересова́ться	я бу́ду занима́ться
интересу́йся!	занима́йся!
интересу́йтесь!	занима́йтесь!

чем?

му́зыкой	**литерату́рой**
спо́ртом	**исто́рией**
фи́зикой	**те́ннисом**
ру́сским языко́м	**нау́кой**

다음과 같은 동사들은 목적어로 조격을 요구한다: интересова́ться(흥미를 가지다), занима́ться(공부하다), увлека́ться(마음이 끌리다). 동사 познако́миться(아는 사이가 되다)는 통상 전치사 с와 결합하면서 목적어로 조격을 요구한다.

Он раньше интересовался историей, а теперь он занимается физикой.
그는 예전엔 역사에 흥미를 가졌지만, 지금은 물리학을 공부한다.

Марк мне сказал, что вы тоже увлекаетесь теннисом.
마르크가 당신 역시 테니스에 몰두하고 있다고 말했다.

Я хочу познакомиться с этим человеком.
난 이 분과 알고 지내고 싶군요.

➔ 이동동사 пойти́(가다), прийти́(도착하다)

Анна пошла в университет. 안나는 대학교로 갔다.

Виктор пришёл в университет. 빅토르는 대학교에 도착했다.

Анна поехала в университет. 안나는 대학교로 (탈 것을 타고) 갔다.

Виктор приехал в университет.

빅토르는 대학교에 (탈 것을 타고) 도착했다.

➡ 동사의 의미를 정확하게 이해하고 있는지 확인해 봅시다.

- Наташа, когда ты пойдёшь в библиотеку?
- Вечером.

- Хуан, когда вы поедете домой?
- Летом.

- Виктор, когда ты придёшь домой из библиотеки, позвони мне.
- Хорошо.

- Хуан, когда вы приедете домой, напишите мне письмо.
- Обязательно.

➡ есть(먹다), пить(마시다) 동사의 활용

е́сть	пить
Я ем ты ешь он, она ест мы еди́м вы еди́те они едя́т ел, е́ла, е́ли Е́шь(те)! Он ест пирожок.	я пью ты пьёшь он/она пьёт мы пьём вы пьёте они пьют пил, пила́, пи́ли Пе́й(те)! Он пьёт чай.

упражнения

1. 러시아어로 작문하세요.

1) 곧 대학에서 시험이 있을 것이다.

2) 금요일 12시 기숙사에서 모임이 있었다.

3) 어제 넌 누구와 함께 영화관에 갔었니? - 이라와 함께.

4) 엄마는 피아노를 연주했고, 우리는 카드놀이를 했다.

5) 난 축구하는 걸 좋아한다.

6) 그는 이전에는 화학자였는데, 지금은 생물학자다.

7) 나는 통역사가 될 것이다.

8) 동생은 기술자가 되고자 (원)한다.

9) 그는 스포츠에 흥미가 있고, 그녀는 음악에 흥미가 있다.

10) 나는 지금 러시아어 공부를 하고, 누나는 영어 공부를 한다.

11) 보리스, 네가 공원에 도착하면 내게 전화해.

- 물론이지.

12) 내일 저녁에 뭐 할 거니?

- 공원에 갈 거야. 산책하고 싶거든.

13) 난 우유를 마시고, 그녀는 아이스크림을 먹는다.

14) 그들은 보드카를 마셨고, 우리는 흑빵과 우유를 먹었다.

15) 함께 마시자!

2. 다음 대화를 우리말로 정확하게 옮기세요.

- Анна, скажи Хуану, что завтра в 7 часов в клубе будет вечер.

- Хорошо, скажу.

- Что вы будете делать сегодня вечером?

- Пойду в библиотеку. Буду заниматься.

- Что ты будешь делать вечером?

- Поеду в парк. Хочу погулять.

3. 괄호안의 단어를 조격으로 고치세요.

1) Он	был	(артист).
		(преподаватель).
2) Она	будет	(артистка).
		(преподавательница).
3) Он	будет	(врач).
		(инженер).

★ 단어외우기

апрель 4월
биллион 10억
бóльше 보다 많이, 더 크게
бýдушее 미래
вагóн (기차의)차량
вкýсный 맛있는
во - время 제때에
Волга 볼가 강
вспоминáть 회상하다
въезжáть (타고)들어가다
выходной день 휴일
голóдный 굶주린
гость 손님
дарúть 선물하다
двéсти 200
дешёвый 값싼
дорогóй 값비싼
доходúть 도달하다
дуть (바람)이 불다
Женя Евгéния의 애칭
засыпáть 잠들다
заходúть 들르다
извинять 용서하다
континéнт 대륙
кýшать 먹다
лес 숲
лýчше 더욱 잘
любопы́тный 호기심 많은
мéньше 보다 적게
навéрно 아마도
нéсколько 약간의, 몇 개의
ноябрь 11월
ответ 대답
отвечáть 대답하다
открывáть 열다
очкú 안경
пить 마시다
племянник 조카
племянница 조카딸
пóздно 늦게, 늦다
покупáть 사다
получáть 받다
полчасá 반시간
посрéди 한가운데
постéль 침구
появляться 나타나다
прáвда 진실, 진리
приходúть 오다
рубáшка 러시아의 셔츠
скýчно 지루한
снимáть 벗기다, 찍다
спектáкль 흥행물
тётя 아주머니
удóбный 편리한
фамúлия 성(性)
флаг 기(旗)

хоте́ться ~하고 싶다

чи́стить 청소하다

чи́стый 청결한

чу́вствовать 느끼다

шестна́дцать 16

шестьдеся́т 60

шкаф 찬장, 책장

шу́ба 털가죽외투

шуме́ть 떠들다

эспорт 수출

элеме́нт 요소

эффе́кт 효과

ю́мор 유머

ю́ноша 젊은이

♪ 러시아 노래를 배워 봅시다.

Миллион алых роз

Жил-был художник один,
Домик имел и холсты,
Но он актрису любил,
Ту, что любила цветы.

Он тогда продал свои дом,
Продал картины и кров,
И на все деньги купил,
Целое море цветов.

припев :
Миллион, Миллион, Миллион алых роз,
Из окна, из окна, из окна видишь ты,
Кто влюблён, кто влюблён, кто влюблён и всерьёз,
Свою жизнь для тебя превратит в цветы.

백만 송이 장미

한 화가가 살았다네.
가진 건 작은 집과 캔버스 뿐 이라네.
화가는 꽃을 좋아하는
어느 여배우를 사랑했다네.

그때 그는 자기 집을 팔았지.
그림도 팔고 집도 팔아,

그 돈으로 바다만큼 많은 꽃을 샀다네.

후렴 :

백만 송이, 백만 송이, 백만 송이 붉은 장미를,
창가에서, 창가에서, 창가에서 그댄 보겠지.
사랑에 빠진, 사랑에 빠진, 진정 사랑에 빠진 이가,
그댈 위해 자신의 삶을 꽃으로 바꾼 광경을.

"백만 송이 장미"는 그 노랫말처럼 백만 송이 장미가 뿜어내는 붉은 정열이 하나로 뭉쳐져서, 우리 마음의 금선( )을 건드리는 곡이다. 심수봉이 그 특유의 음색과 창법으로 구슬프게 불러서 더 유명해진 곡이기도 하다(뉴욕에서 뒤늦게 재즈를 공부한 그녀가 재즈 풍으로 리메이크해서, 잼 콘서트에서 다시 불렀다). 이 노래는 실재한 가난한 화가 니꼬삐로스만의 사랑을 노래한 것이다. 그는 그루지야의 수도 뜨빌리시에 사는 화가였는데, 그 도시의 여가수 마르가리따를 사랑했다고 한다. 사람들에게 회자되는 이 사랑이야기의 결말은 그 여가수가 부자 남편을 만나 화가를 혼자 남겨 두고, 그 도시를 떠났다는 것으로 요약된다. <백만 송이 장미>는 유명한 시인 안드레이 보즈네센스끼가 작사했고, 안나 게르만의 영향을 받은 알라 뿌가초바가 노래했다. 그녀는 러시아 대중음악의 다양한 장르에 큰 공헌을 한 국민적 공훈 가수로서, 러시아 가요계의 황태자로

일컬어지는 18세 연하의 필립 끼르꼬로프를 남편으로 두고 있다.

문화 속 에티켓 알기

현재 러시아에는 8일의 법정 공휴일이 있다. 설 연휴(신년 연휴), 크리스마스(러시아 정교회 차원), 조국수호 기념일, 세계 여성의 날, 노동절, 승전 기념일, 독립 기념일, 혁명 기념일이 바로 그것이다. 이에 대해 간략하게 살펴보자. **설 연휴는 1월 1일 - 2일까지**로 새해를 맞아 서로 축하하고, 덕담을 건넨다. **크리스마스는 1월 7일**로 예수의 탄생과 세례를 기념한다. **러시아의 크리스마스가 12월 25일이 아니라 그보다 13일 늦은 1월 7일인 이유**는 1582년부터 그레고리력을 사용하게 되었기 때문이다. 91년 소련 연방 해체 이후 가장 큰 축제의 날로 자리 잡았다. **조국수호 기념일은 2월 23일**로 19세기 초 프랑스의 나폴레옹이 이끄는 대군의 침공으로부터 러시아를 지켜낸 역사적 사건을 기념하기 위해 제정한 날이다. 대문호 똘스또이는 전쟁과 평화 에서 자신의 분신과도 같은 두 주인공(안드레이와 삐에르)을 통해 이 역사적 사실을 소설적으로 재현해 내었다. 현미경과 망원경을 동시에 들이댄 사실적인 묘사 기법, 인간 정신의 심원한 운동과 관념의 흐름을 포착해 낸 그 수법은 지금까지도 세계 문학사에 큰 영향을 끼치고 있다. **세계 여성의 날은 3월 8일**로 러시아 여성들이 일 년 중에서 가장 극진한 대접을 받는 날이다. 이때 남자들은 여자들에게 꽃을 선물해야만 한다(이에 관한 자세한 내용은 이 책 상권 1과에 있는 문화 속 에티켓 알기를 참조하기 바란다). **노동절은 5월 1일**로 사회주의 시절에는 노동자를 위한 성대한 기념일이었다. 1960년대부터 쉬는 날이 되었는데, 이 날에는 주로 가족 친지를 방문한다. **승전 기념일은 5월 9일**로 제2차 세계대전의 승리를 기념하기 위해 제정되었다. 이 날, 모스끄바 시민들의 경우에는 전쟁 박물관과 전승 기념관이 있는 꾸뚜조프 대로에 위치한 '승리공원'을 향해 행진한 후, 함께 모여서 전몰 희생자들을 추모한다. 뻬쩨르부르그 시민들의 경우에는 주로 넵스끼 대로를 행진한 후, 함께 모여서 전몰 희생자들을 추모한다. **독립 기념일은 6월 12일**로 10월 혁명을 기념하는 성격을 띤다. **혁명 기념일은 11월 17일**로 소비에트 사회주의 연방 공화국 시기에는 대대적인 행사가 국가 차원에서 열렸던 날이었지만, 오늘 날은 그 의미가 많이 퇴색된 채 유지되고 있다.

사족 러시아인들이 큰 의미를 두는 공휴일에는 우리도 그들이 되어, 그들의 '역사적 시공간' 속으로 들어가서 그들을 '역사적-문화적 맥락'에서 이해할 필요가 있다. 승전 기념일에 러시아인들과 함께 꾸뚜조프 대로나 넵스끼 대로를 행진하면서, 그들의 역사에 대해 그들과 대화하며 공감을 표현해보라. 그 경험은 여러분으로 하여금 평생토록 러시아와 러시아어를 아끼고 사랑하는 마음을 지니게 해 줄 것이다. '언젠가는' 러시아와 러시아어가 여러분에게 '축복의 통로'가 된다는 사실을 믿으시길!

제 13 과 (урок 13)

전치격의 용법(~에 관하여).

명사의 전치격은 단독으로 쓰이지 못하며 항상 전치사와 결합하여 사용된다.

주격(кто)	동사	전치격(о ком?)	전치격(о чём?)
Хуáн	дýмает	о Мáрте	о дóме
Áнна	расскáзывает	о Ви́кторе	о семьé
Они́	разговáривают	о Мари́и	о жи́зни
Онá	вспоминáет		об экскýрсии

인칭대명사의 전치격

주격	전치격
я	обо мне
ты	о тебé
он, онó	о нём
онá	о ней
мы	о нас
вы	о вас
они́	о них
кто	о ком

비교해서 기억하기

~에서	~에 관하여
в, на + 전치격	о(об, обо) + 전치격

주격	~에서	~에 관하여
го́род	в го́роде	о го́роде
университе́т	в университе́те	об университе́те
музе́й	в музе́е	о музе́е
страна́	в стране́	о стране́
столи́ца	в столи́це	о столи́це
общежи́тие	в общежи́тии	об общежи́тии
вы́ставка	на вы́ставке	о вы́ставке
ро́дина	на ро́дине	о ро́дине
собра́ние	на собра́нии	о собра́нии
преподава́тель		о преподава́теле
жизнь		о жи́зни

- А́нна, ты была́ вчера́ на собра́нии? 안나, 너 어제 모임에 갔었니?
- Да. 응.
- Расскажи́, пожа́луйста, о собра́нии. 모임에 대해 얘기해줘.

장소의 전치격으로 в를 취하는 명사와 на를 취하는 명사

전치사 в는 건물이나 폐쇄된 장소 같은 한정된 내부, на는 한정되지 않은 사물의 표면이나 일반적으로 사람들이 모이는 활동, 사건 등에 쓰이는 것이 원칙이다. 그러나 이 두 전치사 선택에 대한 객관적인 기준은 없으므로 암기해야 된다.

в + 명사	на + 명사
в за́ле	на ле́кции
в аудито́рии	на заня́тии
в шко́ле	на уро́ке
в университе́те	на семина́ре
в клу́бе	на собра́нии
в музе́е	на вы́ставке
в теа́тре	на спекта́кле
во Дворце́ культу́ры	на конце́рте
в О́бществе дру́жбы	на ве́чере

동사 проси́ть, попроси́ть(요청하다)

이 동사는 우리말 어법과 달리 목적어로 대격을 요구한다.

кто?		кого?	что (с)делать?	
Ви́ктор	попроси́л	А́нну	рассказа́ть	о собра́нии.
Мари́я	попроси́ла	Жа́на	купи́ть	ей слова́рь.

다음 대화를 연습하세요

- Ви́ктор, ты был вчера́ во Дворце́ культу́ры?
- Да.
- А что там бы́ло?
- Там был ве́чер.
- Хоро́ший? Расскажи́, пожа́луйста, о ве́чере.

- Жан, ты был вчера в клу́бе?
- Да.
- А что там бы́ло?
- Там была́ ле́кция.
- Интере́сная? Расскажи́ о ле́кции.

- Жан, расскажи́, пожа́луйста, о ро́дине.
- С удово́льствием.

- Хуа́н, вы́ступи, пожа́луйста, на собра́нии и расскажи́ о Ме́ксике.
- Хорошо́. Я согла́сен.

- А́нна, напиши́, пожа́луйста, статью́ в интерне́те об экску́рсии.
- Хорошо́. Я согла́сна.

- Ни́на, расскажи́, пожа́луйста, о встре́че с космона́втом.
- Пожа́луйста.

- Ма́рта, прочита́й, пожа́луйста, стихи́ о любви́.
- С удово́льствием.

조건법 (если ~)

조건법은 현실적으로 행해지지 않으나 어떤 조건(현실적으로 가능한 조건 또는 불가능한 조건이라도 좋다)하에서는 행해질 수 있을 것이라는 가정의 동작이나 바람직한 동작, 현실에 반하는 동작을 표현할 때 쓰인다. 실현될 가능성이 있는 조건은 если(만일에, 만약)으로 나타낸다.

- Éсли вы бýдете заним́аться рýсским языкóм регуля́рно, - Éсли вы занимáетесь рýсским языкóм регуля́рно, - Éсли вы занимáлись рýсским языкóм регуля́рно,	вы бýдете хорошó говори́ть по-рýсски.

Éсли у вас есть (бýдет) свобóдное врéмя, прочитáйте э́тот журнáл.
만일 당신이 한가하다면, 이 잡지를 읽어 보세요.

Éсли вы хоти́те купáться и загорáть, вы должны́ поéхать в Крым.
만일 당신이 멱을 감고, 피부를 태우고 싶으면, 크림으로 가야 됩니다.

Éсли ты знáла, почемý же ты мне не сказáла?!
만일 네가 알고 있었다면, 어째서 나에게 말하지 않았니?!

Я пойдý, éсли он там бýдет.
만일 그가 거기에 있다면, 난 갈 것이다.

복수 여격, 조격, 전치격의 사용

복수여격	복수여격	복수조격	복수전치격
го́ры	гора́м	гора́ми	гора́х
пи́сьма	пи́сьмам	пи́сьмами	пи́сьмах
ве́щи	веща́м	веща́ми	веща́х
неде́ли	неде́лям	неде́лями	неде́лях
зда́ния	зда́ниям	зда́ниями	зда́ниях
мои́	мои́м	мои́ми	мои́х
э́ти	э́тим	э́тими	э́тих
все	всем	все́ми	всех

격		어미	예문
여격	кому́? чему́?	-ам (-ям)	- Они́ расска́зывали слу́шателям (студе́нтам и студе́нткам) о культу́рной жи́зни Москвы́.
조격	(с) кем? (с) чем?	-ами (-ями)	- На ве́чере мы познако́мились с компози́торами и писа́телями Москвы́, с их расска́зами, стиха́ми, пе́снями.
전치격	где (на, в) о ком? о чём?	-ах (-ях)	- Э́то журна́лы и газе́ты. - В журна́лах и газе́тах мо́жно прочита́ть интере́сные статьи́. - Я люблю́ чита́ть о худо́жниках, писа́телях, компози́торах, арти́стах.

Ты зна́ешь отве́ты к упражне́ниям? 너 연습문제에 대한 답을 알고 있니?

Я пишу́ пи́сьма друзья́м. 나는 친구들에게 편지를 쓴다.

Тепе́рь я рабо́таю в медлаборато́рии по вто́рникам и четверга́м.
지금 나는 화요일과 목요일마다 의학실험실에서 일을 한다.

У меня́ выходны́е дни по пя́тницам и воскресе́ньям.
나는 금요일과 일요일마다 쉰다.

чтобы 구문과 бы를 갖는 조건절

조건법에서 실현될 가능성이 없는 비현실적인 조건은 "(если) 동사 과거형 + бы"로 나타낸다. 이 때 동사는 과거로서의 의미를 상실한다. 조건법에서는 시제의 구별이 없이 과거, 현재, 미래를 동일한 형으로 표현하므로 시제는 문장의 전후 의미에 따라 정해진다. 접속사 что와 소사 бы가 결합한 형태인 접속사 чтобы는 동사과거형과 함께 조건법을 이룬다.

- Ле́на, о чём вы мечта́ете? Кем хоти́те стать?
레나, 당신 꿈은 뭡니까? 뭐가 되고 싶으세요?

- Я хочу́ стать врачо́м. Хочу́, что́бы меня́ люби́ли и уважа́ли лю́ди.
난 의사가 되고 싶어요. 사람들의 사랑과 존경을 받고 싶어요.

- Вы не зна́ете, где Ми́ша? 미샤가 어디 있는지 아십니까?
- Не зна́ю. 모르겠습니다.
- Мы договори́лись встре́титься, а он не пришёл.
만날 약속을 했는데, 그가 안 왔네요.

- Гали́на Миха́йловна, о чём вы ду́маете?

갈리나 미하일로브나, 무슨 생각을 하고 계십니까?

- Ду́маю о де́тях, об ученика́х. Хочу́, что́бы их мечты́ сбыли́сь.

애들과 학생들 생각을 합니다. 그들의 꿈이 이루어지면 좋겠습니다.

Я провожу́ иссле́дование, что́бы лу́чше рассказа́ть студе́нтам.

나는 학생들에게 보다 더 잘 이야기해주기 위해 연구를 한다.

Я позвони́л в библиоте́ку, что́бы узна́ть их рабо́чие часы́.

나는 그들의 근무시간을 알아보기 위해 도서관에 전화를 걸었다.

Он пришёл (что́бы) поговори́ть. 그는 이야기를 하기 위해 왔다.

Нам ну́жно их сохрани́ть, что́бы но́вое поколе́ние зна́ло свою́ исто́рию!
우리는 새 세대가 자기 역사를 알 수 있도록 그것들을 보존하는 것이 필요하다.

Скажи́ ей, что́бы она́ не уходи́ла. 그녀에게 떠나지 말라고 말해라.

Пойти́ ещё в Ру́сский Музе́й бы́ло бы невозмо́жно.

러시아 박물관에 한 번 더 가는 것은 불가능할지도 모른다.

За́втра я с удово́льствием пошла́ бы в теа́тр.

내일 나는 기꺼이 극장에 갈 텐데.

Хорошо́ бы́ло бы провести́ ме́сяц на мо́ре.

바다에서 한 달간 지내면 좋으련만.

В э́том музе́е хоте́ла бы посмотре́ть ру́сское иску́сство.

이 박물관에서 러시아 예술을 감상하면 좋으련만.

Я бы хоте́ла ви́деть его́ год наза́д. 나는 일년 전 그가 보고 싶었었는데.

Она́ хоте́ла бы сего́дня отдыха́ть, но не мо́жет.

그녀는 오늘 쉬고 싶지만, 그럴 수 없다.

Мы хоте́ли бы пойти́ в Эрмита́ж, но не смо́жем.

우리는 에르미타쥐 박물관에 가고 싶지만 갈 수 없을 것이다.

упражнения

1. 괄호 안에 전치사 в, на를 넣으세요.

1) (   ) уро́ке мы чита́ем и пи́шем.

2) Мои́ роди́тели живу́т (   ) дере́вне.

3) Де́ти гуля́ют (   ) па́рке.

4) Его́ оте́ц рабо́тает (   ) заво́де.

5) Она́ у́чится (   ) университе́те.

6) Он пи́шет (   ) доске́.

7) Де́ти игра́ют (   ) у́лице.

8) Сейча́с его́ брат рабо́тает (   ) вы́ставке.

9) (   ) го́роде больши́е зда́ния.

10) Я занима́юсь (   ) библиоте́ке.

2. 주어진 단어를 단수 전치격으로 고쳐 빈 칸에 넣으세요.

1) Продаве́ц рабо́тает в (   ). (магази́н)

2) Де́ти лю́бят игра́ть в (   ). (парк)

3) Моя́ тетра́дь лежи́т на (   ). (слова́рь)

4) Его́ роди́тели живу́т в (   ). (го́род)

5) Зда́ние нахо́дится в (   ). (центр)

6) Сестрá писáла в письмé о ( ). (брат)

7) Учени́к ду́мает об ( ). (урóк)

8) Худóжник говори́л о ( ). (карти́на)

9) Вчерá он нé был на ( ). (урóк)

10) Мой друг давнó нé был на ( ). (рóдина)

3. 주어진 단어를 복수 여격, 조격, 전치격 등으로 알맞게 고쳐 빈 칸에 넣으세요.

1) Я показáл ( ) вы́ставку. (товáрищи)

2) Они́ купи́ли ( ) подáрки. (сёстры)

3) Дéти подари́ли ( ) цветы́. (арти́сты)

4) Мать разреши́ла ( ) пойти́ в кинó. (дéти)

5) Я всегдá поздравля́ю роди́телей с ( ). (прáздники)

6) Я был в теáтре с ( ). (сёстры)

7) Рим, Пари́ж, Лóндон явля́ются ( ). (столи́цы)

8) Тури́сты всегдá интересу́ются ( ). (музéи)

9) Я хочу́ знать о ( ). (твои́ делá)

10) Друг написáл мне о ( ). (мои́ роди́тели)

11) В ( ) всегдá чи́сто. (нáши аудитóрии)

12) Я хочу́ рассказáть вам о ( ). (нáши учёные)

4. 두 문장을 если를 써서 한 문장으로 만드세요.

1) Вы уста́ли. Вы мо́жете отдохну́ть.

2) Вы забы́ли каранда́ш. Вы мо́жете вязть мой каранда́ш.

3) Вы лю́бите игра́ть в ша́хматы. Дава́йте сыгра́ем в ша́хматы.

4) Вы вста́нете ра́но. Вы не опозда́ете на по́езд.

5. 주어진 문장을 бы를 써서 고치세요.

1) Е́сли я бу́ду здоро́ва, я пойду́ на стадио́н.

2) Е́сли я за́втра бу́ду свобо́ден, я пое́ду за́ го́род.

3) Я откро́ю окно́, е́сли в ко́мнате бу́дет жа́рко.

4) Я куплю́ до́чери э́то пла́тье, е́сли оно́ ей понра́вится.

6. 주어진 단어를 알맞게 고쳐 빈 칸에 넣으세요.

1) Я пригласи́л вас, что́бы ( ) вам о свое́й рабо́те. (рассказа́ть)

2) Я пригласи́л вас, что́бы вы ( ) мне о свое́й рабо́те. (рассказа́ть)

3) Я сове́тую вам, что́бы вы ( ) на э́тот конце́рт. (пойти́)

4) Я уже́ купи́л биле́ты, что́бы ( ) на э́тот конце́рт. (пойти́)

5) Я позвони́л дру́гу, что́бы ( ), как он живёт. (узна́ть)

6) Я хочу́, что́бы он ( ), как я живу́. (узна́ть)

★ 단어외우기

артúст 예술가, 배우
аудитóрия 강당, 강의실
библиотéка 도서관
билéт 표, 입장권
вещь 사물, 물건
вúдеть 보다
воскресéнье 일요일
врач 의사
врéмя 시간
вспоминáть 회상하다
встать 일어서다, 기상하다
встрéтиться 만나다
встрéча 만남
втóрник 화요일
вчерá 어제
вы́ставка 전시회
вы́ступить 나가다, 출연하다
выходнóй 출구의, 휴가의
вязть 쥐다, 잡다
год 년, 해
горá 산
гóрод 도시
гуля́ть 산보하다, 산책하다
давнó 예전에, 오래 전부터
Дворéц культýры 문화궁전
день 날, 일
дéти 어린이들
договорúться 약속하다
дóлжен 해야만 한다
дом 집
доскá 판자, 널판
друг 친구
дýмать 생각하다
жизнь 삶, 인생
забы́ть 잊다, 유실하다
зáвтра 내일
загорáть 피부를 태우다
зал 큰 방, 홀
занимáться 종사하다, 공부하다
заня́тия 일, 업무
здáние 건물
здорóвье 건강
знáть 알다
игрáть 놀다, 경기하다, 연주하다
интерéсный 흥미로운, 재미있는
интернéт 인터넷
искýсство 예술, 기술
исслéдование 연구
истóрия 역사, 이야기
кинó 영화
клуб 클럽
кóмната 방
композúтор 작곡가
концéрт 음악회
космонáвт 우주비행사
культýрный 문화의

купа́ться 멱 감다
купи́ть 사다, 매입하다
ле́кция 강의
лу́чше 보다 나은
люби́ть 사랑하다
любо́вь 사랑
лю́ди 사람들
медлаборато́рия 의학실험실
Ме́ксика 멕시코
ме́сяц 월, 달
мечта́ 공상, 염원
мечта́ть 공상하다, 염원하다
мо́жно 해도 좋다, 할 수 있다
мо́ре 바다
мочь 할 수 있다
музе́й 박물관
наза́д 전에
невозмо́жно 불가능하다
неде́ля 주(~)
но́вый 새로운
ну́жно 필요하다
общежи́тие 기숙사
О́бщество дру́жбы 친선 협회
окно́ 창, 창문
опозда́ть 늦다, 지각하다
отве́т 대답
отдыха́ть 휴식하다
пе́сня 노래
писа́тель 작가
писа́ть 쓰다
письмо́ 편지
пла́тье 의복, 옷
по́ехать (타고) 떠나다
пожа́луйста 제발, 어서, 부디
позвони́ть
(종이) 울리다, 전화를 걸다
познако́миться
~와 아는 사이가 되다
пойти́ 떠나다
поколе́ние 세대
по-ру́сски
러시아어로, 러시아식으로
посмотре́ть 보다
почему́ 왜, 어째서
преподава́тель 교사, 강사
прийти́ 도착하다
провести́ 행하다, 수행하다
продаве́ц 상인, 판매원
проси́ть 요청하다, 부탁하다
прочита́ть 다 읽다
пя́тница 금요일
рабо́тать 일하다
рабо́чий 일의, 노동의
разгова́ривать 대화하다
разреши́ть 허락하다, 해결하다
ра́но 이르게, 빠르게
расска́з 이야기
рассказа́ть 이야기하다, 말하다
регуля́рно
규칙적으로, 정규적으로

ро́дина 고향, 조국
ру́сский 러시아의, 러시아인의
Ру́сский Музе́й 러시아 미술관
С удово́льствием 기꺼이
сбы́ться
실현되다, 적중되다, 일어나다
свобо́дный 자유로운
свой 자신의
сего́дня 오늘
семина́р 세미나
семья́ 가족
сказа́ть 말하다
слова́рь 사전
слу́шатель 청자, 듣는 사람
смочь 할 수 있다
собра́ние 수집, 회합
согла́сный 동의하는
сохрани́ть 보존하다
спекта́кль 연극, 흥행물
стадио́н 스타디움
стать 되다
статья́ 논문, 기사
стихи́ 시(詩)
столи́ца 수도
страна́ 나라
студе́нт 남자 대학생
студе́нтка 여자 대학생
там 거기에
теа́тр 극장
тепе́рь 이제

тури́ст 관광객
уважа́ть 존경하다, 존중하다
узна́ть 알다
университе́т 대학교
упражне́ние 연습문제
уро́к 수업, 학과
уходи́ть 떠나다
учени́к 학생, 생도
хоро́ший 좋은, 훌륭한
хорошо́ 좋다, 훌륭하다
хоте́ть 원하다
худо́жник 예술가
центр 중심, 중앙
час 시(時)
четве́рг 목요일
чита́ть 읽다
ша́хматы 장기
шко́ла 학교
экску́рсия 견학, 여행
Эрмита́ж 에르미타쥐 박물관
явля́ться 나타나다, ~이다
язы́к 언어, 말

러시아 노래를 배워봅시다

Я вас любил.

Я вас любил : любовь ещё, быть может,
В душе моей угасла не совсем ;
Но пусть она вас больше не тревожит ;
Я не хочу печалить вас ничем.

Я вас любил безмолвно, безнадежно,
То робостью, то ревностью томим ;
Я вас любил так искренно, так нежно,
Как дай вам бог любимой быть другим.

나는 당신을 사랑했어요.

나는 당신을 사랑했어요. 사랑은 아직,
아마도 내 마음에서 완전히 꺼지지 않았을 거예요.
하지만 내 사랑이 더 이상 당신을 속태우게도,
그리고 그 무엇으로 슬프게도 하고 싶지 않아요.

나는 그대를 말없이, 바라는 것 없이 사랑했어요.
때로는 수줍음이, 때로는 질투가 나를 괴롭혔지만
나 그대를 그토록 진정으로, 그토록 간절히 사랑했어요.
신이 당신에게 주었던 것처럼 다른 이에게도 사랑 받는 이가 되세요.

이 곡은 러시아 국민 시인 푸쉬킨(1799-1837)의 시에 곡을 붙인 로망스이다. 총 8행으로 각각 4행씩 하나의 연을 구성하고 있는 5음보 약강격

으로 쓰여진 이 서정시는 시적 이미지를 갖지 않는 시의 전형적인 예로 자주 인용되고 있다. 사랑의 대상인 그녀는 시인의 사랑을 알아채지 못했고, 시인 역시 용감하지 못한 소심한 사람이었기에 그녀에게 사랑을 고백하지 못했다. 이 시에서 마지막 7-8행의 극적 반전의 대비적 표현은 매우 특징적이다. 8행은 한편으로 시인의 단념처럼 읽혀지기도 하지만, 또 다른 한편으로 초자연적인 간섭 없이는 자신의 사랑과 같은 그러한 깊은 사랑이 그녀에게 더 이상 찾아 올 수 없음을 나타낸다고 할 수 있다.

이 시에서 언급되고 있는 여성이 누구인지는 분명치 않다. 푸쉬킨이 1821년 처음으로 만나기 시작하여, 남부 유형지에서 돌아온 이후에도 지속적으로 만났던 카롤리나 소반스카야를 지칭할 가능성이 많지만, 푸쉬킨이 청혼까지 했다가 거절당한 올레니나라는 여성일 가능성도 있다. 왜냐하면 시인은 자신의 이 시를 그녀의 개인 앨범 속에 직접 써주었기 때문이다. 비록 상대방이 누구인지 알 수 없을지라도, 이 시가 굵고 감미로운 남성 테너의 선율에 맞춰 노래로 불려질 때 가슴 속 깊이 간직된 한 남자의 애잔한 사랑만큼은 변함없이 느껴질 수 있을 것이다.

문화 속 에티켓 알기

민간신앙과 터부는 지구상 모든 나라와 민족에게 있어서 보편적인 현상이다. 러시아 역시 오랜 역사를 통해 여러 가지 민간신앙과 터부들이 형성되어 왔다. 그 중 몇 가지 재미있는 것들을 살펴보자.

러시아 사람들은 어떤 일이 잘 진행될 경우 미리 즐거워하는 모습을 보이지 않는다. 왜냐하면 악마 혹은 사악한 힘이 그 사람의 일을 방해하지 못하도록 하기 위해서이다. 그러나 그렇지 못한 경우 러시아인들은 다음과 같은 방법을 통해 사악한 힘의 방해를 피할 수 있다고 믿는다. 우선 나무 위를 3번 두들기고, 왼쪽 어깨 너머로 3번 침을 뱉는다. 이것은 오늘날까지도 매우 자주 행해지고 있는 보편적인 현상이다. 물론 실제로 침을 뱉을 필요는 없고 단지 왼쪽으로 고개를 돌려 "퇫, 퇫, 퇫!"이라고 말하면 된다. 이렇게 하는 이유는 악마가 항상 사람들의 염원과는 정반대로 행하려고 하기 때문이다. 따라서 악마를 바보로 만들려고 하면 정반대를 희망하면 된다. 이와 비슷한 예로 러시아어에는 다음과 같은 표현이 있다.

"솜털도 깃털도 하나 없다!" 이것은 원래 사냥꾼의 행운을 비는 말이었으나 지금은 어떤 일에 대해 행운을 비는 말로 사용된다. 학생들 사이에서는 시험 잘 보라는 의미로 사용되는데 이에 대한 대답은 "악마에게로 꺼져라!"이다. 이것은 악마가 개인의 중요한 일을 망치려고 하기 때문에 악마가 이 이야기를 듣고 정반대로 해주기를 기원하는 의미라 볼 수 있다.

이외에 러시아인들의 터부로는 다음과 같은 것이 있다. 러시아인들은 문이나 문턱을 사이에 두고 악수를 하거나 손을 흔들지 않는다. 이승과 저승을 경계로 한 영원한 이별로 간주하기 때문이다. 테이블에 엎질러진 소금은 가정에서 싸움이 일어날 것임을 의미하고, 깨진 거울은 일종의

불행의 전조가 된다. 만일 새가 방 안으로 날아들어 온다면 가장 가까운 친지가 죽게 될 것이다. 만일 고양이, 특히 검은 고양이가 길을 가로지르면, 러시아인들은 불행을 피하기 위해 자신들이 가고 있던 방향을 바꾸거나 또는 누군가가 그들 앞을 걸어갈 때까지 기다려야만 한다고 믿는다. 벽을 타고 올라가는 거미는 좋은 소식을 예고해주지만 벽을 타고 내려가는 거미는 나쁜 소식을 예고해 준다. 왼쪽 손바닥이 가려운 사람은 돈 받기를 기대한다. 하지만 만일 왼쪽 콧구멍이 가렵다면 곧 술을 마시게 될 것이다. 만일 칼이 떨어진다면, 남자 손님이 기대되지만, 스푼 또는 포크가 떨어지면, 여자 손님이 올 것이다. 만일 두 친구가 우연하게 머리를 부딪쳤다면, 즉시 다시 머리를 부딪쳐야만 한다. 그렇지 않으면 둘 사이에 논쟁이 벌어질 것이다. 마찬가지로 만일 어떤 사람이 다른 사람의 발을 밟았을 경우, 잘못한 사람은 자신의 발을 밟아야만 한다. 그렇지 않으면 둘 사이에서 논쟁이 발생할 것이다. 여행을 떠나기 전 러시아인들은 몇 분 동안 조용히 앉아 있는다. 그렇게 하지 못할 경우, "길이 없을 것이다"(не будет дороги)라는 표현이 의미하는 어떤 불행으로 귀결될 것이라고 믿는다. 어떤 사람이 집을 떠났다가 어떤 이유로 인해 다시 되돌아 올 경우 불행으로 간주된다. 그러나 만일 돌아와야만 하는 경우 그 사람이 다시 집을 떠나기 전에 거울을 봄으로써 닥쳐올 위험을 피할 수 있다고 믿는다. 마지막으로 과거에 러시아 여자들은 하품하기 전에 십자가를 그어야 했다. 이유는 악마가 입으로 날아 들어가지 못하게 하기 위해서였다.

제 14 과 (урок 14)

시작, 계속, 종결을 나타내는 동사

что?	시작	종결	когда́?
Конце́рт	начался́	ко́нчился	в 7 часо́в ве́чера.
Ле́кция	начала́сь	ко́нчилась	в 9 часо́в утра́.
Собра́ние	начало́сь	ко́нчилось	в 12 часо́в дня.
Уро́ки	начали́сь	ко́нчились	2 часа́ наза́д.
Ве́чер	начнётся	ко́нчится	че́рез 2 часа́.

Профе́ссор на́чал ле́кцию. - Ле́кция начала́сь.
교수님은 강의를 시작했다. 강의가 시작되었다.
Профе́ссор на́чал чита́ть ле́кцию.
교수님은 강의를 시작했다.

Студе́нты продолжа́ли рабо́ту. - Рабо́та продолжа́лась.
대학생들은 일을 계속했다. 일이 계속되었다.
Студе́нты продолжа́ли рабо́тать.
대학생들은 일을 계속했다.

날씨 표현하기

когда́?	시제	술어
Сего́дня	–	тепло́.
Вчера́	бы́ло	жа́рко.
За́втра	бу́дет	хо́лодно.
		+ 12° (плюс 12 гра́дусов).
		– 12° (ми́нус 12 гра́дусов).

다음 대화를 연습하세요

- Ви́ктор, кака́я сего́дня пого́да? Хо́лодно?
- Нет, тепло́. Сего́дня плюс 12 гра́дусов.

- Хуа́н, сего́дня хо́лодно?
- Да, о́чень хо́лодно. Сего́дня то́лько плюс 12 гра́дусов.

'때(когда)' 표현하기

когда́?	
год	в про́шлом году́
ме́сяц	в э́том ме́сяце
	в бу́дущем

다음 대화를 연습하세요.

- Джон на́чал изуча́ть ру́сский язы́к в про́шлом году́.
- В про́шлом году́? А он уже́ хорошо́ говори́т по-ру́сски.
- Зна́ете но́вость? Том в бу́дущем году́ пое́дет учи́ться в Моско́вский Институ́т ру́сского языка́ им. А.С. Пу́шкина.
- Интере́сная но́вость!

서수 익히기

숫자	순서수사	개수사	숫자	순서수사	개수사
1	пе́рвый	оди́н, одна́ одно́	15	пятна́дцатый	пятна́дцать
			16	шестна́дцатый	шестна́дцать
2	второ́й	два, две	17	семна́дцатый	семна́дцать
3	тре́тий	три	18	восемна́дцатый	восемна́дцать
4	четвёртый	четы́ре	19	девятна́дцатый	девятна́дцать
5	пя́тый	пять	20	двадца́тый	два́дцать
6	шесто́й	шесть	30	тридца́тый	три́дцать
7	седьмо́й	семь	40	сороково́й	со́рок
8	восьмо́й	во́семь	50	пятидеся́тый	пятьдеся́т
9	девя́тый	де́вять	60	шестидеся́тый	шестьде́сят
10	деся́тый	де́сять	70	семидеся́тый	се́мьдесят
11	оди́ннадцатый	оди́ннадцать	80	восьмидеся́тый	во́семьдесят
12	двена́дцатый	двена́дцать	90	девяно́стый	девяно́сто
13	трина́дцатый	трина́дцать	100	со́тый	сто
14	четы́рнадцатый	четы́рнадцать			

날짜 표현

월	~월에
янва́рь	в январе́
февра́ль	в феврале́
март	в ма́рте
апре́ль	в апре́ле
май	в ма́е
ию́нь	в ию́не
ию́ль	в ию́ле
а́вгуст	в а́вгусте
сентя́брь	в сентябре́
октя́брь	в октябре́
ноя́брь	в ноябре́
дека́брь	в декабре́

	когда́?
Како́й год? - 2007-й год. Како́й ме́сяц? - Апре́ль. Како́й день? - 12-е апре́ля. 12-е апре́ля 2007-го го́да.	в 2007-м году́ в апре́ле 2007-го го́да 12-го апре́ля 2007-го го́да

- Како́е сего́дня число́? 오늘은 며칠입니까?
- 12-е апре́ля. 4월 12일 입니다.
  (Двена́дцатое апре́ля.)

- Когда́ у нас бу́дет экску́рсия? 우리는 언제 견학을 갑니까?
- 12-го апре́ля. 4월 12일에 갑니다. (Двена́дцатого апре́ля.)

Какóй сейчас год? 올해는 몇 년도 입니까?

Какóе сегóдня числó? 오늘은 며칠입니까?

Когдá вы родилúсь? (В какóм годý? Какóго числá?)
당신은 언제 태어났습니까? (몇 년도에? 며칠에?)

Май - мой любúмый мéсяц.
5월은 내가 좋아하는 달이다.

Мы всегдá бывáем у них в гостя́х в апрéле.
우리는 4월에 항상 그들의 집을 방문합니다.

День рождéния моéй сестры́ в мáрте. 내 여동생 생일은 3월이다.

Какóго числá твой день рождéния? - Пя́того ию́ня.
너 생일은 며칠이니? - 6월 5일이야.

Когдá вы éздили в Москвý? - Шестóго сентября́.
당신은 언제 모스크바를 다녀오실 겁니까? - 9월 6일에.

Наш отъéзд - в понедéльник, вторóго апрéля.
우리 출발은 4월 2일 월요일이다.

➔ прийтú 와 уйтú 의 차이

Борúс пришёл в университéт. (Он в университéте.)
보리스는 대학교에 도착했다. (그가 대학교에 있다.)

Борúс ушёл из университéта. (Егó нет в университéте.)
보리스는 대학교를 떠났다. (그가 대학교에 없다.)

텍스트를 소리 내어 읽어보세요

Гага́рин Ю́рий Алексе́евич (9.3.1934 - 27.3.1968), лётчик-космона́вт СССР, пе́рвый челове́к, кото́рый соверши́л полёт в ко́смос. Геро́й Сове́тского Сою́за (14.4.1961). Роди́лся в семье́ колхо́зника. В 1951 году́ око́нчил реме́сленное учи́лище, получи́л рабо́чую специа́льность. Зате́м учи́лся в индустриа́льном те́хникуме и одновре́менно в аэроклу́бе. По́сле оконча́ния те́хникума и ку́рса аэроклу́ба в 1955 году́ поступи́л в вое́нное авиацио́нное учи́лище лётчиков. В 1957 году́ око́нчил учи́лище и служи́л в авиа́ции. В 1960 году́ как оди́н из наибо́лее тала́нтливых лётчи́ков был зачи́слен в отря́д космона́втов. В феврале́ 1968 го́да око́нчил Вое́нно-возду́шную акаде́мию и́мени Н.Е. Жуко́вского в Москве́.

12 апре́ля 1961 го́да впервы́е в ми́ре соверши́л полёт в ко́смос на косми́ческом ко́рабле́-спу́тнике <Восто́к>. Он находи́лся в ко́смосе 108 мину́т и благополу́чно верну́лся на Зе́млю. По́сле полёта Гага́рин уча́ствовал в обуче́нии и трениро́вке космона́втов, руководи́л полётами косми́ческих корабле́й. Посе́тил мно́гие стра́ны ми́ра.

Траг и́чески пог и́б в авиацио́нной катастро́фе во вре́мя трениро́вочного полёта на самолёте. Похоро́нен на Кра́сной пло́щади в Москве́.

명사 복사의 격변화

명사의 복수 변화에서 가장 복잡한 부분은 남성 생격으로 3가지 형태의 어미를 갖는데, 그중 -ов/-ев가 가장 일반적이다. 여성과 중성의 복수 생격은 어미가 탈락한다(혹은 ø(제로 어미)를 갖는다). 그 외 여격, 조격, 전치격은 세 가지 성 모두 같은 어미를 갖는다.

격	의문대명사	어미	단어
주격	кто? что?	- ы/-и (남성, 여성) - а/-я (중성)	космонáвты кораблѝ звёзды
생격	(у) когó? чегó?	- ов/-ев (남성) - ей (남성, 여성) (-ь, -ч, -ш, -ж, -щ) - ий(남성, 여성, 중성) (-ий, -ия, -ие) ø (여성, 중성) (-а/-я, -о)	космонáвтов кораблéй звёзд
여격	комý чемý	- ам/-ям (남성, 여성, 중성)	космонáвтам кораблям звёздам
대격	когó? чегó?	주격 또는 생격	космонáвтов кораблѝ звёзды
조격	(с) кем? (с) чем?	- ами/-ями (남성, 여성, 중성)	космонáвтами кораблями звёздами
전치격	о ком? о чём?	- ах/-ях (남성, 여성, 중성)	о космонáвтах кораблях звёздах

упражнения

1. 텍스트를 읽고 이야기의 주제를 말해보세요.

- Сергéй Ивáнович, мóжно задáть вам вопрóс?
- Пожáлуйста, Тóмас.
- Зачéм человéку кóсмос? Рáзве на землé мáло дел?
- На землé, конéчно, мнóго дел, мнóго проблéм. Но ещё в начáле двадцáтого вéка рýсский учёный К.Э. Циолкóвский писáл, что лю́ди обязáтельно бýдут жить на други́х планéтах. Вспóмните, когдá человéк совершúл пéрвый полёт в кóсмос?
- В 1961 годý.
- Да, в 1961 годý. Скóлько врéмени продолжáлся пéрвый полёт?
- 108 минýт.
- Только 108 минýт. Тогдá врачи́ ещё не могли́ ответить на вопрóс, как бýдет чýвствовать себя́ человéк в кóсмосе. Полёт Гагáрина показáл, что лю́ди мóгут там жить и рабóтать. Прошлó не так уж мнóго лет. В кóсмосе побывáло нéмало космонáвтов. Их полёты стáли продолжи́тельными.

Сейчáс росси́йски космонáвты рабóтают в кóсмосе бóлее гóда.

Кóсмос игрáет большýю роль в жи́зни людéй. Косми́ческие эксперимéнты помогáют развивáть наýки, решáть мнóгие задáчи нарóдного хозя́йства. Вот тóлько нéсколько примéров. Косми́ческие фотогрáфии помогáют геóлогам изучáть строéние Земли́, составля́ть географи́ческие кáрты, находи́ть нефть, газ.

Другóй примéр. Специали́сты бóлее увéренно отвечáют на вопрóс, какáя погóда бýдет зáвтра, потомý что искýсственные спýтники сообщáют из кóсмоса на Зéмлю о циклóнах, дождя́х и ветрáх. А косми́ческие спу́тники свя́зи даю́т возмо́жность телеви́дению пока́зывать всю на́шу плане́ту. Мы с ва́ми ка́ждый день ви́дим по телеви́зору переда́чи, кото́рые расска́зывают, как живу́т наро́ды други́х стран. Мне ка́жется, что э́то помога́ет лю́дям лу́чше понима́ть друг дру́га.

Изуче́ние ко́смоса - сло́жная зада́ча. Реши́ть э́ту зада́чу мо́жно, если стра́ны бу́дут сотру́дничать. Приме́р тако́го сотру́дничества-програ́мма <Интерко́смос>. Совме́стные полёты космона́втов, совме́стная рабо́та учёных игра́ют ва́жную роль в разви́тии нау́ки и укрепля́ют дру́жбу наро́дов.

Росси́йские лю́ди считают, что все стра́ны, все наро́ды должны́ испо́льзовать ко́смос то́лько в ми́рных це́лях.

2. 주어진 단어를 이용하여 문장을 완성하세요.

1) Писа́тель Лев Никола́евич Толсто́й роди́лся ________________.

(28, а́вгуст, 1828 год)

2) Метро́ в Москве́ откры́ли ______________________________.

(15, май, 1935 го́да)

3) Вели́кая Оте́чественная войнá ко́нчилась ________________.

(9, май, 1945 год)

3. 주어진 단어를 이용하여 물음에 답하세요.

1) Кокóе сего́дня числó? (5, май)

2) Когдá вы бы́ли в кинó? (10, апре́ль)

3) Какóе числó бу́дет зáвтра? (1, ию́нь)

4) Когда́ твой брат придёт к тебе́? (20, март)

5) Како́е число́ бу́дет в воскресе́нье? (3, ию́ль)

6) Когда́ начина́ется ваш рабо́чий день? (8, час)

7) Когда́ начина́ется учёбный год? (1, сентя́брь)

8) Когда́ бу́дет фина́льный футбо́льный матч? (25, а́вгуст)

9) Когда́ у сестры́ день рожде́ния? (3, ноя́брь)

10) Когда́ у вас бу́дет о́тпуск в э́том году́? (февра́ль)

★ 단어외우기

авиацио́нный 비행의, 항공의
авиа́ция 비행, 비행기
акаде́мия 아카데미, 연구소
аэроклу́б 항공협회
благополу́чно 순조로운, 무사한
большо́й 큰, 커다란
бу́дущий 미래의, 다음의
быва́ть
(때때로, 자주) 있다, 일어나다
ва́жный 중요한
век 세기
вели́кий 위대한, 훌륭한
верну́ться 돌아가다, 되돌아가다
ве́тер 바람
вое́нно-возду́шный 공군의
вое́нный 전쟁의, 군인의
возмо́жность 가능성, 현실성
война́ 전쟁
вопро́с 질문, 문제
Восто́к 동양
впервы́е 최초로, 처음으로
вре́мя 시간
газ 가스
географи́ческий 지리학의
гео́лог 지질학자
геро́й 영웅, 주인공
гость 손님
гра́дус (각도, 온도의) 도(度)

дава́ть 주다
де́ло 일, 용무
дождь 비
до́лжен 해야만 한다
друг 친구
друго́й 다른, 다음의
дру́жба 우정
е́здить (타고) 다니다
е́сли 만일
жа́рко 덥다, 열렬하게
жизнь 인생, 삶
жить 살다
зада́ть 주다, 부과하다
зада́ча 문제, 과제, 임무
зате́м 그래서, 그 다음에
зачи́слить
등록하다, (누구의) 계정에 넣다
звезда́ 별, 명성
земля́ 땅, 대지, (Земля́ 지구)
игра́ть 놀다, 경기하다, 연주하다
изуча́ть 배우다, 연구하다
изуче́ние 연구, 학습
им. и́мени (= и́мя)
индустриа́льный 공업의
институ́т 연구소, 대학
иску́сственный 인공적인
испо́льзовать
이용하다, 사용하다

ка́ждый 각각의, 모든
каза́ться 아마 ~인듯하다
ка́рта 지도, 카드
катастро́фа 참사, 파국
кино́ 영화
колхо́зник 집단농장원
коне́чно 물론
кора́бль 선박, 기선
косми́ческий 우주의
космона́вт 우주 비행사
ко́смос 우주
курс 진로, 행로, 과정
лет год의 복수생격형
лётчик 조종사, 비행사
лу́чше 보다 나은
люби́мый 사랑을 받는, 좋아하는
лю́ди 사람들
ма́ло 적게, 조금
матч 경기, 시합
ме́сяц 달, 월
метро́ 지하철
ми́нус 마이너스
мину́та 분
мир 세계, 평화
ми́рный 평화의
мно́гий 많은, 다수의
мно́го 많은
наибо́лее 가장, 제일
наро́д 국민, 민중
근무하다, 역할을 하다, 봉사하다

наро́дный 국민의, 민중의
нау́ка 과학, 학문
находи́ть 발견하다, 찾아내다
находи́ться 위치하다
нача́ло 시작, 기초
нема́ло 적지 않게, 많이
не́сколько 약간, 몇몇
нефть 원유, 석유
но́вость 뉴스
обуче́ние 교육, 훈련
обяза́тельно
꼭, 반드시, 틀림없이
одновре́менно 동시에
оконча́ние 종료, 완결
око́нчить 끝내다, 종료하다
отве́тить 대답하다
оте́чественный 조국의, 본국의
откры́ть 열다
о́тпуск 공급, 제공, 휴가
отря́д 분견대, 부대
отъе́зд 출발
переда́ча 전송, 양도, 전달
плане́та 유성, 혹성
пло́щадь 광장
плюс 플러스
побыва́ть
(여러 곳을) 돌아다니다, 방문하다
поги́бнуть 멸망하다, 파멸하다
пого́да 일기, 날씨
по́ехать (타고) 떠나다

показáть 제시하다, 보여주다
полёт 비행
получи́ть 받다
помогáть 돕다, 도와주다
понимáть 이해하다, 알다
посети́ть 방문하다
поступи́ть 행동하다, 입학하다
потомý что 왜냐하면
похорóнный 장례식의, 매장의
примéр 예, 전형
проблéма 문제
прогрáмма 프로그램
продолжи́тельный
오래 계속되는, 장기의
прóшлый 과거의
рабóтать 일하다
рáзве
과연 ~일까, 정말로 ~일까
развивáть
발생시키다, 발전시키다, 전개하다
разви́тие 발달, 발전
ремéсленный 수공업의
решáть 풀다, 해결하다, 정하다
роди́ться 태어나다, 출생하다
рождéние 탄생, 출생
роль 역, 역할
руководи́ть 지도하다, 주관하다
самолёт 비행기
связь 관계, 연관
слóжный 합성적인, 복잡한
служи́ть 근무하다, 역할을 하다,
봉사하다
собрáние 모임, 회합
соверши́ть
행하다, 완수하다, 수행하다
Совéтский Сою́з 소비에트 연방
совмéстный 공동의, 합동의
сообщáть 알리다, 통지하다
составля́ть
조립하다, 만들다, 구성하다
сотрýдничать 협력하다, 공저하다
сотрýдничество 공동, 협력, 공저
специали́ст 전문가, 전공자
специáльность 특수성, 전문
спýтник 길동무, 동반자
СССР 소련
странá 나라
строéние 건축, 건축물, 구조
считáть 세다, 계산하다
талáнтливый 천부의 재능이 있는
телевидéние 텔레비전
телеви́зор 텔레비전 수상기
теплó 따뜻하게, 따뜻하다
тéхникум 직업기술학교
траги́чески 비극적으로
тренирóвка 훈련, 연습
тренирóвочный 훈련의, 연습의
увéренно 확실하게, 확고하게
уж (대명사, 부사에 붙어서 전체 문장의 뜻을 강조함) 정말로, 참으로

укрепля́ть 강하게 하다, 확고하게 만들다

уча́ствовать 관여하다, 참가하다

уче́бный 학습(용)의, 교육의

учёный 학문의, 학술의, 학자

учи́лище 학교

учи́ться 배우다, 학습하다

фина́льный 끝의, 결말의

фотогра́фия 사진

футбо́льный 축구의

хозя́йство 경제

цель 목적, 목표

цикло́н 대 폭풍

челове́к 사람

число́ 수, 일(日), 날짜

чу́вствовать 느끼다, 깨닫다

экспериме́нт 실험

♪ 러시아 노래를 배워봅시다.

Журавли

Мне кажется порою, что солдаты,
С кровавых не пришедшие полей,
Не в землю нашу полегли когда-то,
А превратились в белых журавлей.

Они до сей поры с времён тех дальних
Летят и подают нам голоса.
Не потому ль так часто и печально
Мы замолкаем, глядя в небеса?

Летит, летит по небу клин усталый,
Летит в тумане на исходе дня.
И в том строю есть промежуток малый,
Быть может, это место для меня.

Настанет день, и с журавлиной стаей
Я полечу в такой же сизой мгле.
Из-под небес по-птичьи окликая
Всех вас, кого оставил на земле.

백 학

가끔 생각하지, 피로 물든 들녘에서
돌아오지 않는 병사들이,
잠시 고향 땅에 누워보지도 못하고
백학으로 변해 버린 듯하여.

그들은 그 옛적부터 지금까지
날아만 갔어, 그리고 우리를 불렀어.
그래서 우리는, 자주 슬픔에 잠긴 채
하늘을 바라보며 말을 잊는 건 아닐까?

날아가네, 날아가네, 저 하늘에 지친 학의 무리
날아가네, 저무는 하루의 안개 속을.
무리지은 대오의 그 조그만 틈새,
그 자리가 혹 내 자리는 아닐런지!

그날이 오면 학들과 더불어
나는 회청색의 그 어스름 속을 날아
가리.
대지에 남겨 둔 그대들 모두를
천상 아래 새처럼 부르면서.

드라마 <모래시계>의 주제곡으로 잘 알려진 <백학>은 다게스탄의 민족시인인 라술 감자토프(1923-)의 전쟁을 소재로 한 서정시 <학들>에 곡을 붙인 노래이다. 머나먼 전선에서 피 흘리며 죽어간 사람들은 이 시의 서정적 자아를 비롯한 누군가의 아버지요, 남편이요, 연인이요, 친구요, 아들이다. 어느 이름모를 전선에서 죽어 고향땅에 묻혀보지도 못한 채, 그들은 학이 되어버린 것이 아닐까? 그리고 무리지어 날아가며 자신들을 기다리는 산자들에게 안부를 전하는 것은 아닐까? 그날이 오면 서정적 자아인 나 역시 돌아오지 못한 자들처럼 육신의 굴레를 벗어버리고 전쟁의 고통도 이별의 슬픔도 없는 그곳으로 날아가리라 약속한다.

문화 속 에티켓 알기

러시아 사우나(баня)의 전통은 매우 오래되었다. 알려진 바에 따르면 그 기원이 중세시대까지 거슬러 올라간다. 1917년 볼셰비키 혁명 전까지 거의 모든 러시아 농촌 가정에는 본 가옥과 분리된 개인 바냐(баня)를 가지고 있었다. 당시 인구의 80%가 농촌에 살았다. 바냐는 강이나 호수 혹은 도시 수원(　　)과 같은 물 공급원과 가까운 곳에 세워졌다. 바냐 내부의 공기는 장작 난로로 덥혀진다. 솥에 물을 끓여 달궈진 돌에 뿌린다. 이로 인해 축축해진 뜨거운 공기는 핀란드식 사우나의 건조한 열과는 다르다. 바냐에서 사람들은 벗은 채 벤치에 앉거나 누워 베닉(веник)이라고 불리는 자작나무 혹은 오크나무 회초리로 자기 몸을 때린다. 이는 혈액순환을 돕기 위해서다. 머리를 보호하기 위해 남자들은 양털 모자를 쓰고 여자들은, 할 수 있다면, 머리를 땋는다. 남자와 여자는 교대로 바냐를 사용한다. 사우나 후 사람들은 호수나 강의 차가운 물로 뛰어들거나 또는 눈위를 뒹군다. 과거에 러시아인들은 바냐를 함께 가지 않는 사람들을 의심했었다. 역사가이자 작가인 니콜라이 카람진(1605-1613)은 다음과 같이 적고 있다. 짜리 보리스 고두노프가 죽고 난후 왕위가 비어, 몇몇 참칭자가 자신을 적법한 짜리라고 주장하던 “동난의 시대”(1605-1613) 동안, 러시아인들은 “가짜 드미트리”라고 알려진, 실제로 짧은 기간동안 통치를 했던 그 사람을 러시아인이라고 믿지 않았다. 왜냐하면 그는 결코 바냐에 가지 않았기 때문이다.

도시에는 공중목욕탕이 있었다. 이것에 대한 요구는 원래 공장으로부터 유래한다. 농촌에서와 같이 목욕 후 호수나 강에 뛰어 들어가는 것 대신 도시인들을 양동이에 찬물을 담아 끼얹거나, 현대식 바냐의 경우는 찬물로 샤워를 했다. 바냐의 이러한 유형들은 4가지 부분으로 나뉘어 진다. 사람들은 탈의실(предбанник)에서 옷을 벗는다. 그리고 샤워실(моечная, душевая)에서 샤워를 한다. 그런 다음 사람들은 증기탕(парилка)으로 향한다. 사람들은 돌 벤치 위에 앉아(생각한 대로, 보다 높은 곳에 앉을수록 공기는 더 뜨겁다) 위에서 언급한 바와 같이 베닉으로 자기 몸을 때린다. 눅눅한 공기는 뜨겁기 때문에 단지 제한된 시간동안만 거기에 머무를 수 있다. 증기탕에서 사람들은 앉아서 차나 맥주, 보드카 등을 마시며 장기를 두거나 잡담을 한다.

지금은 비록 대부분의 아파트가 욕실을 갖고 있지만, 바냐는 계속해서 대중들의 커다란 인기를 누리고 있다. 1억4천9백만 명의 러시아인들이 매년 녹슨 파이프를 점검하고 수리하는 여름 한 달 동안 뜨거운 물을 만나지 못할 때, 바냐는 9월 달 내내 문전성시를 이룬다. 바냐의 매력은 청결함의 원천을 의미한다는 것뿐 아니라, 아마 보다 더 중요한 점이라고 할 수 있는, 사람들에게 사교와 오락의 장을 제공한다는 사실에 있다. 바냐에서 돌아올 때 러시아 사람들은 원정을 다녀온 사람을 축하하고 증기가 유익하다는 사실을 신뢰하며 "목욕 잘 하셨습니까!"(с лёгким паром)이라고 인사한다. 보다 폭넓게 말해서, 단지 샤워나 목욕만을 한 사람도 이 같은 방식으로 인사를 나눌 수 있다.

제 15 과 (урок 15)

형용사 단수 격변화

	경변화		연변화	
격 / 성	남성·중성	여성	남성·중성	여성
주격	но́вый но́вое	но́вая	хоро́ший хоро́шее	хоро́шая
생격	но́вого	но́вой	хоро́шего	хоро́шей
여격	но́вому	но́вой	хоро́шему	хоро́шей
대격	주격 또는 생격	но́вую	주격 또는 생격	хоро́шую
조격	но́вым	но́вой	хоро́шим	хоро́шей
전치격	но́вом	но́вой	хоро́шем	хоро́шей

다음 대화를 연습하세요.

- Вчера́ я познако́мился с де́вушкой.
- С како́й де́вушкой?
- С о́чень краси́вой.
- Послу́шай, вот что пи́шут в газе́те об э́той арти́стке.
- Хо́чешь верь, хо́чешь не верь, но вчера́ в клу́бе я сфотографи́ровался с изве́стной спортсме́нкой.

- Я подарю́ цветы́ са́мой симпати́чной де́вушке.
- Как хорошо́ поёт на́ша но́вая студе́нтка.
- На ве́чере я бу́ду петь ру́сскую наро́дную пе́сню.
- Ра́зве ты не зна́ешь, что я люблю́ му́зыку?
- В библиоте́ке, к сожале́нию, нет э́той газе́ты.

- Вы не ви́дели здесь студе́нта?
- Како́го студе́нта?
- На́шего но́вого студе́нта, Пье́ра.
- Нет, не ви́дел.

- Здесь лежа́л слова́рь. Вы не ви́дели его́?
- Како́й слова́рь?
- Ру́сско-англи́йский.
- Не ви́дел.

인과관계의 표현

Я изуча́ю ру́сский язы́к, поэ́тому я мно́го чита́ю о Росси́и.

поэ́тому	потому́ что
Я мно́го чита́ю о Росси́и, поэ́тому (я) ча́сто покупа́ю ру́сские кни́ги.	Я ча́сто покупа́ю ру́сские кни́ги, потому́ что (я) мно́го чита́ю о Росси́и.

축하, 바람, 희망을 나타내는 말

	(кого́?)	(с чем?)
поздравля́ть поздра́вить	Ви́ктора А́нну вас тебя́	с пра́здником с Но́вым го́дом с днём рожде́ния
	(кому́?)	(чего́?)
жела́ть пожела́ть	Ви́ктору А́нне вам тебе́	здоро́вья сча́стья успе́хов

Что но́вого? - Ничего́ осо́бенного. 요즘 어떠십니까? - 별일 없습니다.

Ничего́ стра́шного. 걱정할 것 없다.

Всего́ хоро́шего! Всего́ до́брого! 안녕히 계십시오. 안녕.

Всего́ наилу́чшего! 안녕히 계십시오. 안녕.

Счастли́вого пути́! 안녕히 가십시오.

Успе́ха! 행운을 빕니다!

Прия́тного аппети́та! 맛있게 드세요!

До ско́рого! 곧 다시 만나요!

형용사의 복수 격변화

격	의문대명사	예	어미(형용사/명사)
주격	кто? что?	изве́стные писа́тели ру́сские газе́ты	-ые/-ие -ы/-и, -а/-я
생격	кого́? чего́?	изве́стных писа́телей ру́сских газе́т	-ых/-их -ов/-ев, -ей, -ий
여격	кому́ чему́	изве́стным писа́телям ру́сским газе́там	-ым/-им -ам/-ям
대격	кого́? чего́?	изве́стных писа́телей ру́сские газе́ты	주격 또는 생격
조격	с кем? с чем?	с изве́стными писа́телями с ру́сскими газе́тами	-ыми/-ими -ами/-ями
전치격	о ком? о чём?	об изве́стных писа́телях о ру́сских газе́тах	-ых/-их -ах/-ях

독해

다음 작품을 읽고, 저자 Ю. 본다레프가 작품 제목을 왜 <우리를 용서해줘!>라고 붙였는지 이야기해 보십시오.

<Прости́те нас!>

Па́вел Гео́ргиевич Сафо́нов рабо́тал на большо́м заво́де констру́ктором, был изве́стен, привы́к к э́той изве́стности и, каза́лось, да́же немно́го уста́л от неё.

В э́том году́ Сафо́нов отдыха́л в санато́рии в Крыму́. Когда́ Па́вел Гео́ргиевич возвраща́лся из санато́рия домо́й, в Москву́, он е́хал в по́езде по знако́мым места́м, э́то бы́ли места́, где он роди́лся, вы́рос, где не́ был мно́го лет. Он вспо́мнил свои́ де́тские го́ды, мо́лодость и захоте́л побыва́ть в своём родно́м городке́: походи́ть, уви́деть ста́рые у́лицы, узна́ть, что измени́лось в го́роде, встре́тить шко́льных друзе́й, това́рищей.

Па́вел Гео́ргиевич взял свои́ ве́щи и вы́шел на вокза́ле.

Весь день он ходи́л по го́роду и не узнава́л его́. И го́род не узнава́л Сафо́нова. На у́лице, где он роди́лся, где ра́ньше стоя́л его́ ма́ленький до́мик, тепе́рь был бульва́р. Ничего́ не оста́лось от его́ де́тства, ничего́ не оста́лось.

Где сейча́с его́ шко́льный друг Ви́ктор Снегирёв, где Ве́ра?

Ви́ктор - пе́рвая мальчи́шеская дру́жба. Ве́ра, как говоря́т, - пе́рвая любо́вь.

Он хоте́л узна́ть о них: <Что с ни́ми? Как они́?>

В до́ме, где ра́ньше жил Снегирёв, его́ встре́тила незнако́мая же́нщина. <Нет, Снегирёвы здесь по́сле войны́ не живу́т, уе́хали все. Сын у них дире́ктор заво́да. Два го́да наза́д приезжа́л>.

Па́вел Гео́ргиевич хорошо́ по́мнил дом, где жила́ Ве́ра. Дверь откры́ла мать Ве́ры. Он сра́зу узна́л её, но она́ не сра́зу узна́ла его́: <Бо́же мой, Па́ша, э́то ты? Прие́хал?> Она начала́ расспра́шивать его́, а пото́м сказа́ла, что она́ зна́ет, что он стал изве́стным констру́ктором. А он ждал, когда́ она́ ко́нчит задава́ть вопро́сы, и наконе́ц спроси́л:

- А где Ве́ра?.. Где она́?

- Ве́-ра? - Она́ стра́нно посмотре́ла на него́.

- Где она́? - повтори́л он с волне́нием.

- Ра́зве ты не зна́ешь, Па́ша? Нет Ве́ры... Она́ ведь на войне́ была́ санита́ркой...

- Не мо́жет быть, - растéрянно сказа́л Сафо́нов.

Пото́м мать Ве́ры провожа́ла его́, до́лго смотре́ла на него́ и повторя́ла гру́стно:

- Как жаль, как жаль! Вы вме́сте росли́...

Он тепе́рь не знал, куда́ идти́, кого́ иска́ть. На тролле́йбусной остано́вке он внеза́пно уви́дел свою́ шко́лу. Она́ не измени́лась. Она́ была́ пре́жней, как в де́тстве. Как мно́го лет наза́д.

Он с волне́нием посмотре́л на тёмное зда́ние шко́лы и вдруг уви́дел спра́ва кра́сный огонёк. Неуже́ли Мари́я Петро́вна?.. Здесь жила́ Мари́я Петро́вна, его́ учи́тельница по матема́тике, как же он сра́зу не поду́мал о ней, не вспо́мнил! Ведь он был её люби́мцем.

Сафо́нов пошёл к до́му Мари́и Петро́вны. Ско́лько лет они́ не ви́делись! Что с ней?

Па́вел Гео́ргиевич откры́л дверь и вошёл в дом.

- Кто там? - услы́шал он знако́мый го́лос. В двери́ стоя́ла невысо́кая же́нщина.

- Мари́я Петро́вна, - ти́хо сказа́л Па́вел Гео́ргиевич, - вы меня́ не узнаёте? Э́то я...

Она́ не́сколько секу́нд смотре́ла на не́го сни́зу вверх.

- Па́ша Сафо́нов... Па́ша? - проговори́ла она́. - Сади́сь, пожа́луйста... Сади́сь, вот сюда́... Ты прие́хал? Ты в командиро́вку?

- Нет, я сего́дня же уезжа́ю, - отве́тил он.

- Мы сейча́с с тобо́й чай бу́дем пить. Подожди́. - Она́ вы́шла.

Па́вел Гео́ргиевич посмотре́л вокру́г. Мари́я Петро́вна, как и до войны́, жила́ одна́ в э́той ма́ленькой ко́мнатке с одни́м окно́м в сад. Всё бы́ло по-пре́жнему: стол, крова́ть, шкаф с кни́гами, на столе́ - тетра́ди, ря́дом - кра́сный каранда́ш.

Вошла́ Мари́я Петро́вна, ве́село сказа́ла:

- Ну, Па́ша, расска́зывай о себе́. Ты жени́лся?

- Да, Мари́я Петро́вна, - отве́тил Сафо́нов. - У меня́ сын.

- Ну, хорошо́! А как рабо́та?

- Зна́ете что, Мари́я Петро́вна, дава́йте говори́ть о про́шлом, о шко́ле...

- Я хорошо́ по́мню ваш класс. Довое́нный класс. И хорошо́ по́мню твою́ дру́жбу с Ви́тей Снегирёвым.

- Мне сказа́ли, что он дире́ктор заво́да. Он приезжа́л к вам?

- Нет.

- Мари́я Петро́вна, а по́мните Гри́шу Само́йлова? Он арти́ст. Э́то вы сказа́ли ему́, что у него́ тала́нт. Он приезжа́л?

- Нет, не приезжа́л. Я ви́дела его́ то́лько в кино́.

- Мари́я Петро́вна, а кто́-нибудь пи́шет вам?

- Нет, Па́ша.

Сафо́нов увидел, что Мари́я Петро́вна смо́трит на кни́жный шкаф. Он то́же посмотре́л и заме́тил свою́ кни́гу.

- У вас, Мари́я Петро́вна, моя́ кни́га? - спроси́л Па́вел Гео́ргиевич.

- Да, я чита́ла. Неплоха́я кни́га. А э́то твой портре́т из газе́ты. Когда́ я уви́дела, я дала́ тебе телегра́мму.

Он со стыдо́м вспо́мнил, что, действи́тельно, получи́л телегра́мму два го́да наза́д, но не отве́тил на неё.

Когда́ они́ проща́лись, Мари́я Петро́вна сказа́ла:

- Ты ду́маешь, я не ра́да? Како́й гость был у меня́! Ты ду́маешь, я не скажу́ об э́том за́втра свои́м ученика́м?.. Иди́, Па́ша, больши́х успе́хов тебе́. Будь сча́стлив...

Всю доро́гу в по́езде Сафо́нов не мог успоко́иться. Он чу́вствовал стыд. Он ду́мал о Снегирёве, о Само́йлове. Он хоте́л написа́ть им серди́тые пи́сьма. Но он не знал их адресо́в. Пото́м он хоте́л написа́ть Мари́и Петро́вне, но с у́жасом поду́мал, что не зна́ет но́мера её до́ма.

На большо́й ста́нции Сафо́нов вы́шел из ваго́на. Он пошёл на по́чту и дал телегра́мму на а́дрес шко́лы и на и́мя Мари́и Петро́вны.

В телегра́мме бы́ло два сло́ва: <Прости́те нас!>

упражнения

1. 보기의 어구를 사용하여 빈 칸을 채우세요.

(1) Я помога́ю изуча́ть ру́сский язы́к ________________________.

(2) Э́то учёбник ____.

(3) Я занима́лся в лингафо́нном кабине́те вме́сте ________________.

(4) Мне понра́вился ____________________________________.

(5) Мы ви́дели________________________________в клу́бе.

(6) Я расска́зывал тебе́ ________________________________.

〈보기〉

наш но́вый студе́нт

на́шего но́вого студе́нта

на́шему но́вому студе́нту

на́шего но́вого студе́нта

с на́шим но́вым студе́нтом

о на́шем но́вом студе́нте

2. 다음 대화를 읽고 물음에 답하시오.

(A)

- Ви́ктор, хо́чешь пойти́ сего́дня на вы́ставку худо́жников?

- Не могу́, Андре́й. Сего́дня прие́дет мой друг. Я до́лжен встре́тить его́.
- Тогда́ дава́й пойдём на вы́ставку вме́сте с ним за́втра! Вы́ставка о́чень интере́сная.
- Хорошо́, с удово́льствием. Я ду́маю, он то́же пойдёт с на́ми.

1) Кого́ пригласи́л Анре́й на вы́ставку?

2) Кто пригласи́л Ви́ктора на вы́ставку?

3) О ком рассказа́л Ви́ктор Андре́ю?

4) Кого́ хо́чет встре́тить сего́дня Ви́ктор?

5) С кем Ви́ктор хо́чет пойти́ на вы́ставку?

6) С кем Андре́й хо́чет пойти́ на вы́ставку?

(Б)

- Ви́ктор, где ты был вчера́? Я звони́л тебе́. Твоя́ ма́ма сказа́ла, что ты ушёл.
- Я был на вы́ставке молоды́х худо́жников.
- Ну, как вы́ставка? Понра́вилась?
- Да, Жан, о́чень понра́вилась.
- И там бы́ли худо́жники?
- Бы́ли. Я да́же разгова́ривал с одни́м из них. Мне понра́вились его́ истори́ческие карти́ны. И я попроси́л худо́жника рассказа́ть о них. Худо́жник сказа́л, что в карти́нах он хоте́л показа́ть свою́ родну́ю зе́млю, свой наро́д, его́ исто́рию.

1) С кем разгова́ривал Жан?

2) О чём Ви́ктор попроси́л худо́жника рассказа́ть?

3) О чём рассказа́л худо́жник?

3. 위 2번 문제의 두 대화지문을 이용하여 문장을 완성하세요.

1) Андре́й интересу́ется иску́сством, поэ́тому

____.

2) Он хоте́л пойти́ на вы́ставку со свои́м дру́гом, поэ́тому

____.

3) Ви́ктор ждал своего́ дру́га, поэ́тому

____.

4) На вы́ставке Ви́ктору понра́вились карти́ны молодо́го худо́жника, поэ́тому

____.

5) Ви́ктор посове́товал Жа́ну посмотре́ть карти́ны этого худо́жника, поэ́тому

____.

4. 당신이 어제(혹은 며칠전) 무엇을 했는지 이야기 해보세요.

〈보기〉

Я не́ был на вы́ставке, потому́ что в э́тот день я встреча́л своего́ дру́га.

Я не́ был на вы́ставке, поэ́тому ничего́ не могу́ рассказа́ть вам о ней.

5. 주어진 단어를 단수 격변화 시키세요.

вели́кий композі́тор

1) Чайко́вский – (   ).

2) В за́ле виси́т портре́т (   ).

3) (   ) приходи́лось мно́го рабо́тать.

4) Все лю́бят му́зыку э́того (   ).

5) В де́тстве он мечта́л стать (   ).

6) Я прочита́л кни́гу о (   ).

6. 주어진 단어를 복수 격변화 시키세요.

э́ти но́вые зда́ния

1) (   ) о́чень краси́вы.

2) О́коло (   ) бу́дет большо́й парк.

3) Мы хоти́м подойти́ к (   ).

4) (   ) постро́или неда́вно.

5) Строи́тели горди́тся (   ).

6) В (   ) живу́т рабо́чие на́шего заво́да.

★ 단어외우기

а́дрес 주소
аппети́т 식욕, 기호
арти́ст 남자 배우
арти́стка 여자 배우
бульва́р 가로수길
ваго́н 차, 차량
вверх 위로 향하여
вдруг 뜻밖에, 돌연히
ведь 바로, ~이 아닌가
ве́рить 믿다
ве́село 즐거운, 유쾌한
висе́ть 걸리다, 매달리다
вме́сте 같이, 함께, 동시에
внеза́пно 돌연히, 뜻밖에
возвраща́ться
돌아오다, 귀환하다
войти́ 들어가다
вокза́л 큰 역
вокру́г 주위에, 주위를
волне́ние 파동, 격동, 흥분
встре́тить 만나다, 마주치다
вы́йти 나오다
вы́расти 발육하다, 성장하다
вы́ставка 진열, 전람회
го́лос 목소리
горди́ться 자랑하다, 과시하다
гру́стно 슬프게, 슬프다
да́же ~도, ~까지(도), ~조차
дверь 문
де́вушка 처녀, 낭자
действи́тельно 진실로, 실제로, 참으로
де́тский 어린이의, 아동의
де́тство 어린시절, 유년시절
ди́ректор 지도자, 관리자
довое́нный 전쟁 전의
доро́га 길
жаль 가엾다, 애석하다
же (강조를 위해 사용되는 말)
жела́ть 바라다, 희망하다
жени́ться (남자가) 결혼하다
же́нщина 여자, 부인
заво́д 공장
заме́тить
눈치 채다, 깨닫다, 지적하다
здоро́вье 건강
знако́мый
친분이 있는, 아는 사이의
изве́стность 저명, 유명
изве́стный 알려진, 유명한
измени́ться 바뀌다, 변화되다
и́мя 이름
интересова́ться
흥미.관심을 가지다
иска́ть 찾다, 탐구하다
истори́ческий 역사의, 역사적인

кабине́т 서재, 집무실

каранда́ш 연필

карти́на 그림

класс 학급, 교실

клуб 클럽

кни́жный 책의

командиро́вка 파견, 출장

компози́тор 작곡가

констру́ктор 설계자, 건설자

краси́вый 아름다운, 고운

кра́сный 붉은, 적색의

крова́ть 침대

кто́-нибудь 누구든지

куда́ 어디로

лежа́ть 누워있다, 위치하고 있다

люби́мец 좋아하는 사람

ма́ленький 적은, 작은

мальчи́шеский
소년다운, 장난스러운

ма́ма 엄마

матема́тика 수학

мать 어머니

ме́сто 곳, 장소

молодо́й 젊은

мо́лодость 청년시대, 청춘

наконе́ц 마침내

невысо́кий 높지 않은, 낮은

неда́вно 최근, 얼마 전부터

незнако́мый 미지의, 모르는

неплохо́й 꽤 좋은, 만족할 만한

ничего́ 괜찮다, 상관없다

но́мер 번호, 방

огонёк 등불

осо́бенный 특별한, 특수한

остано́вка 정지, 정류장

оста́ться 남다, 머물다

откры́ть 열다

парк 공원

петь 노래하다

пить 마시다

повтори́ть 반복하다

подари́ть 주다, 증여하다

подожда́ть 잠깐 동안 기다리다

подойти́ 다가오다, 접근하다

поду́мать 잠깐 동안 생각하다

по́езд 기차

поздра́вить 축하하다

покупа́ть 사다, 구입하다

по́мнить 기억하다, 암송하다

понра́виться 마음에 들다

по-пре́жнему 이전처럼, 여전히

портре́т 초상, 초상화

послу́шать 듣다, 귀를 기울이다

посове́товать
조언하다, 충고하다

постро́ить 건축하다, 건설하다

пото́м 그 후에, 다음에

по́чта 우편, 우체국

поэ́тому 그러므로, 그런 까닭에

пре́жний 옛날의, 이전의

привы́кнуть
익숙해지다, 습관화되다
пригласи́ть 초대하다, 초빙하다
приходи́ться 맞다, 적합하다,
~하지 않으면 안 되다
прия́тный 기분이 좋은, 즐거운
провожа́ть 전송하다, 동행하다
проговори́ть 말하다
прости́ть 용서하다
проща́ться 작별하다, 헤어지다
путь 길
рад 기쁜, 반가운
ра́ньше 이전, 이전에는
расспра́шивать 자세히 심문하다
растéрянный
평정을 잃은, 당황한
расти́ 성장하다, 자라다
ру́сско-англи́йский
러시아-영어의
с днём рождéния
생일 축하합니다
с Но́вым го́дом 근하신년
с пра́здником 축하합니다
сад 정원
сади́ться 앉다, 착석하다
санато́рий 요양소
секу́нда (시간의) 초
серди́тый 성을 잘 내는, 화난
симпати́чный 호감이 가는
ско́рый 빠른, 신속한
сни́зу 아래로부터
сожалéние 유감, 애석
спортсмéнка 여자 선수
спра́ва 오른편으로부터
спроси́ть 묻다, 질문하다
сра́зу 단번에, 즉시
ста́нция 정거장
ста́рый 늙은, 낡은
стоя́ть 서다, 서 있다
стра́нный 기이한, 이상한
стра́шный 무서운, 심한
строи́тель 건축가, 건축기사
стыд 부끄러움, 수치, 수치심
сфотографи́роваться 촬영되다
счастли́вый 행복한, 행운의
сча́стье 행복, 행운
сын 아들
тала́нт
타고난 재주, 특수한 재능
телегра́мма 전보, 전신
тёмный 어두운 , 어둠의
тетра́дь 공책
ти́хо 고요히, 조용히
това́рищ 동무, 친구, 동료
то́же 역시, 또한
троллéйбусный 무궤도 전차의
удово́льствие 만족, 희열, 오락
уéхать 출발하다, 타고 떠나다
у́жас 공포, 심한 두려움
у́лица 거리

успéх 성공, 성취

успокóиться
진정하다, 안심시키다

устáть 피로하다, 싫증나다

учéбник 교과서

учи́тельница 여선생

цвéты 꽃

чай 차

чáсто 자주

шкаф 찬장, 장롱

шкóльный 학교의

♪ 러시아 노래를 배워봅시다.

Песенка об Арбате

1. Ты течешь, как река. Странное название!
И прозрачен асфальт, как в реке вода.
Ах, Арбат, мой Арбат, ты мое призвание,
ты и радость моя, и моя беда.
Ах, Арбат, мой Арбат, ты мое призвание,
ты и радость моя, и моя беда.
2. Пешеходы твои люди невеликие,
каблучками стучат по делам спешат.
Ах, Арбат, мой Арбат, ты моя религия,
мостовые твои подо мной лежат.
Ах, Арбат, мой Арбат, ты моя религия,
мостовые твои подо мной лежат.
3. От любви твоей вовсе не излечишься,
сорок тысяч других мостовых любя.
Ах, Арбат, мой Арбат, ты мое отечество,
никогда до конца не пройти тебя!

Ах, Арбат, мой Арбат, ты мое отечество,
никогда до конца не пройти тебя!

아르바트에 대한 노래

너는 강처럼 흘러가고 있다. 낯선 이름이여!
그리고 아스팔트는 강물처럼 투명하다.
아, 아르바트, 나의 아르바트여, 너는 나의 사명,
너는 나의 기쁨이자 또 나의 불행.
아, 아르바트, 나의 아르바트여, 너는 나의 사명,
너는 나의 기쁨이자 또 나의 불행.

너의 보행자들은 평범한 사람들이다,
모두들 각자의 일로 바쁜 걸음을 옮긴다.
아, 아르바트, 나의 아르바트여, 너는 나의 종교,
내 발밑으로 너의 거리가 펼쳐져있다.
아, 아르바트, 나의 아르바트여, 너는 나의 종교,
내 발밑으로 너의 거리가 펼쳐져있다.

너에 대한 사랑으로 인해 결코 벗어날 수 없을 것이다,
수천 개의 다른 거리를 사랑할지라도.
아, 아르바트, 나의 아르바트여, 너는 나의 조국,
결코 끝까지 너를 지나갈 수 없으리!
아, 아르바트, 나의 아르바트여, 너는 나의 조국,
결코 끝까지 너를 지나갈 수 없으리!

아르바트 거리는 모스크바 서쪽 중심부에 위치한 1킬로미터 남짓한 자갈 포장도로이다. 모스크바에 온 관광객이 봐야하는 필수코스 중의 하나로서 도보전용 거리이며 박물관, 기념품점, 거리 공연, 노변 식당, 많은 예술가의 초상화들이 있다. 이 거리는 많은 러시아 예술가들의 사랑을 받아온 거리이다. 자유가 억압받던 시대에 많은 예술가들이 이 거리에 모여 삶과 자유, 예술을 노래했다. 예술가의 거리답게 초입부에는 모스크바 예술극장(MXAT)이 위치하고 있으며 이 극장 맞은편에는 작가 안톤 체홉의 동상이 서 있다. 거리 중간을 좀 지나면 우리에게도 잘 알려져 있는 빅토르 최의 기념벽도 있다. 1993년 모스크바시는 거리 탄생 500주년 기념행사를 치렀다. 이 도시의 문화적 상징인 아르바트 거리는 두 소비에트 작가의 작품들 속에서 불멸하고 있다. 불라트 오쿠좌바와 아나톨리 르이바코프가 그들이다. 이 거리를 유난히 사랑했던 아르바트의 시인 오쿠좌바의 동상은 거리 끝부분에 세워져 있으며 오늘도 그를 사랑했던 많은 사람들을 반갑게 맞이하고 있다.

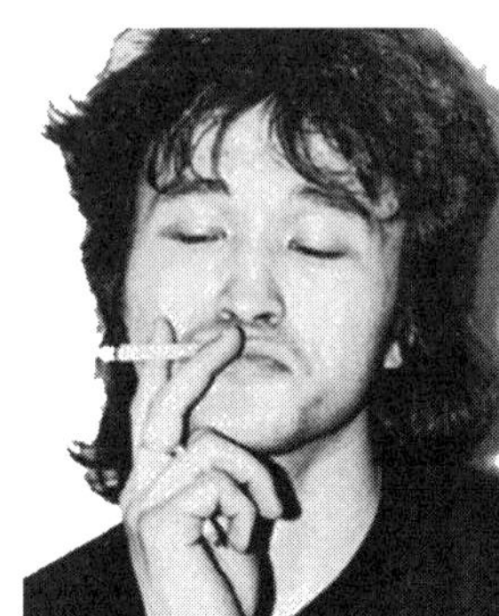

이 노래의 작사자이자 작곡가인 불라트 오쿠좌바(1924-1997)는 시인이자 소설가로서 뿐만 아니라 거의 200여곡에 가까운 노래를 지은, 해빙기 음유시인들의 시초로도 널리 알려져 있다. 1950년대 말과 1960년대 초 그는 산문과 시를 출판했으며 가사를 쓰고 자신이 직접 기타 반주에 맞춰

노래도 불렀다. 당국의 규범을 눈에 띄게 벗어났던 그의 노래들은 매우 우울한 분위기였다. 오쿠좌바의 목소리는 떨리는 목소리였고 그의 기타 테크닉도 세련되지 못했다. 하지만 그럼에도 불구하고 지하음반출판을 통해 신속하게 유포되었다.

1960년대 초 창작 활동을 시작하면서 오쿠좌바의 작품들은 이데올로기적 견고함이 결핍되어 있다는 이유로 비판을 받았다. 그 후 통제되지 않는 대중적 인기를 누린 그의 노래와 해외에서의 작품출판, 당국에 항의하는 편지들에 동조 서명한 사건 등으로 인해 그는 일시적으로 당에서 제명당했을 뿐만 아니라 비공식적으로 출판 금지를 당하기도 했다. 그는 죽는 날까지 삶을 노래하는 시들을 계속해서 쓰고 또 불렀다.

문화 속 에티켓 알기

1866년 시인 표도르 쮸쪠프는 다음과 같이 썼다.

러시아를 이성으로 이해하지 마라
일반적인 척도로 측량할 수 없다;
러시아는 특별한 형상을 갖고 있다 -
러시아는 단지 믿어야 한다.

러시아에 대해 뭔가 설명할 수 없을 때마다 작가들은 항상 러시아 정신의 신비함에 대한 말한다. 러시아 정신은 무엇인가? 언제 그에 대한 관심이 출현했나? 다소간에, 이것은 이반 투르게네프(<아버지와 아들>의 저자)

와 같은 러시아 작가들의 작품이 유럽에서 나타나기 시작했던 19세기 중엽 러시아에 대한 특별한 관심의 결과였다. 러시아는 누구이며 무엇인가? 설명될 수 없는 것마다 “아, 이것이 러시아 정신이다!”라는 식으로 대답된다.

러시아 문화에 깊이 몰입된 외국인이 러시아 정신에 대해 생각할 때, 무엇보다도 모순이 머리 속에 떠오른다. 도스토옙스키의 <카라마조프 가의 형제들>에 나오는 드미트리 카라마조프가 그 예증적 인물이다. 문학 비평가들은 그의 성격을 관대하고, 타락했으며 정직하고, 거짓되며, 극적이라고 평가한다. 러시아 학자 드미트리 리하초프는 자신의 책 <러시아적인 것에 대한 수기>(Заметки о русском)에서 광활하게 펼쳐진 공간에 대한 러시아인의 사랑에 대해 언급하고 있다. 그는 이것이 세계에서 가장 큰 평원을 가진 러시아의 위치에 기인한다고 주장한다. 러시아인은 이 거대한 평원을 가로질러 방랑했고, 그 평원의 한 부분인 큰 강을 항행했으며 끝도 없는 하늘을 응시했다. 이삭 레비탄과 같은 러시아 화가는 자신의 작품 <블라지미르 길>(Владимирка)에서 이러한 러시아인의 광활한 공간을 화폭에 담고 있다. 러시아의 마을들은 종종 강의 높은 뚝 위에 위치했다. 그곳으로부터 주민들은 먼 곳을 응시할 수 있었고 물 위에 비친 마을의 모습과 끊임없는 움직임 등을 볼 수 있었다.

무거운 권위의 손길이 너무나도 억압적이었을 때

러시아인들은 평원의 광활함 속에서, 즉 숲 속으로 들어가거나 먼 시베리아를 향해 떠남으로써 스스로를 잊어버릴 수 있었다. 그러한 광활함 속에서 사람들은 서로서로 의지하게 된다.

러시아인의 관용성과 특히 도움을 필요로 하는 사람들에 대한 친절함은 잘 알려져 있는 사실이다. 외국 방문객들은 이러한 친절함의 단골 수혜자이다. 어떤 것의 위치를 물어보았을 때 방문객들은 종종 원하는 장소까지 데려다주는 러시아인들의 친절을 만나게 될지도 모른다. 애정 넘치는 지소체의 사용은 러시아인의 친절함에 대한 언어적 표현이다.

많은 사람들은 드미트리 카라마조프가 양극단을 동시에 갖고 있는 모순적인 "러시아적인 것"을 가장 잘 구현하고 있는 인물이라는 사실을 인정한다. 하지만 리하초프는 19세기 초 작가 알렉산드르 푸쉬킨을 러시아 영혼의 본질로 간주한다. 도스토옙스키 자신도 1880년 모스크바에서 열렸던 푸쉬킨 동상 제막식에서 그를 러시아 이상으로서 명명했다. 그 이유는 아마도 양극단으로 치우치는 러시아 정신의 모순성을 어머니 대지의 조화와 화해의 숨결과 빛으로 감싸 안으려고 했기 때문이 아닐까?

부 록

주 격				
의문대명사	형용사	인칭대명사	명사	예 문
кто? что?	-ый -ий -ой	**он**	- -ь	- Э́то наш но́вый студе́нт. - Э́то на́ша но́вая студе́нтка. - Э́то на́ши но́вые студе́нты.
	-ое -ее	**оно**	-о -е	- Э́то наш студе́нческий клуб. - Э́то на́ша студе́нческая столо́вая.
	-ая -яя	**она**	-а -я -ь	- Э́то на́ше студе́нческое общежи́тие. - Э́то на́ши студе́нческие биле́ты.
	-ые -ие	**они**	-ы -и -а -я	- Мне нра́вится моя́ бу́дущая профе́ссия.

<table>
<tr><th colspan="5">생 격</th></tr>
<tr><td>의문
대명사</td><td>형용사</td><td>인칭
대명사</td><td>명사</td><td>예 문</td></tr>
<tr><td rowspan="2">у кого́?
чей?
чья?

чьё?
чьи?</td><td>-ого /-его</td><td>его</td><td>-а/ -я</td><td rowspan="2">- У но́вого студе́нта есть уче́бник.
- Оте́ц но́вой студе́нтки - наш преподава́тель.</td></tr>
<tr><td>-ой / -ей</td><td>её</td><td>-ы/ -и</td></tr>
<tr><td>нет кого́?
нет чего́?
ско́лько?
чего́?

отку́да?
когда́?</td><td>-ых
-их</td><td>их</td><td>-ов
-ев
-ей</td><td>- У меня́ нет ста́ршего бра́та.
- У меня́ нет э́той кни́ги.
- У нас мно́го но́вых друзе́й.
- Альбо́м называ́ется “у́лицы Москвы́ и Петербу́рг”.

- Студе́нты прие́хали сюда́ из ра́зных городо́в и дереве́нь.
- Уче́бный год начина́ется 1-го сентября́.</td></tr>
</table>

<table>
<tr><th colspan="5">여 격</th></tr>
<tr><td>의문
대명사</td><td>형용사</td><td>인칭
대명사</td><td>명사</td><td>예 문</td></tr>
<tr><td rowspan="3">кому́?</td><td>-ому/-ему</td><td>ему</td><td>-у/-ю</td><td rowspan="3">- Мы написа́ли откры́тку на́шему но́вому студе́нту.
- Джон помога́ет на́шей но́вой студе́нтке изуча́ть ру́сский язы́к.
- На́шим но́вым студе́нтам нра́вятся э́ти кни́ги.</td></tr>
<tr><td>-ой/-ей</td><td>ей</td><td>-е/-и</td></tr>
<tr><td>-ым/-им</td><td>им</td><td>-ам/-ям</td></tr>
</table>

대 격				
의문 대명사	형용사	인칭 대명사	명사	예 문
кого́? что? куда́?	주격/생격 -ую/ -юю 주격/생격	его её их	주격/생격 -у/-ю 주격/생격	- На экску́рсии мы встре́тили на́шего но́вого преподава́теля, на́шу но́вую преподава́тельницу и на́ших но́вых студе́нток и студе́нтов. - Я люблю́ наш но́вый институ́т, на́шу но́вую библиоте́ку, на́ши но́вые аудито́рии. - В сре́ду в 5 часо́в мы ходи́ли на экску́рсию в музе́й. - Экску́рсия продолжа́лась 2 часа́.
когда́? ско́лько вре́мени?	주격/생격 -ую/-юю 주격/생격	его её их	주격/생격 -у/ -ю, -ь 주격/생격	

조 격				
의문대명사	형용사	인칭대명사	명사	예 문
с кем? кем? чем?	-ым/-им	им	-ом/-ем	- Мы с но́вым студе́нтом и но́вой студе́нткой хоти́м стать инжене́рами. - Я интересу́юсь фи́зикой и матема́тикой.
	-ой/-ей	ей	-ой/-ей	
	-ыми/-ими	им	-ами/-ями	

<table>
<tr><th colspan="5">전치격</th></tr>
<tr><th>의문대명사</th><th>형용사</th><th>인칭대명사</th><th>명사</th><th>예 문</th></tr>
<tr><td rowspan="3">где?
о ком?
о чём?
Когда́?
на чём?</td><td>-ом/-ем</td><td>(о) нём</td><td>-е/-и</td><td rowspan="3">- Он у́чится в на́шем институ́те.
- Я ча́сто расска́зываю дру́гу о на́шем институ́те, о на́ших но́вых студе́нтах.
- В про́шлом году́, в а́вгусте я е́здил отдыха́ть на мо́ре.
- Я е́здил отдыха́ть туда́ на своей маши́не.</td></tr>
<tr><td>-ой/-ей</td><td>(о) ней</td><td>-е/-и</td></tr>
<tr><td>-ых/-их</td><td>(о) них</td><td>-ах/-ях</td></tr>
</table>

공저자 : **강 명 수**

고려대학교 노어노문학과 학사 및 석사.
상트-페테르부르크 국립대학교 문학박사(러시아문학 전공)
청주대학교 유럽어문학부 러시아어문학 전공교수

저 서 : *체호프 문학의 몇 가지 쟁점: 우리 시대의 인간.현실.관념 읽기* (　　)
역 서 : *체호프 선집 4 - 철없는 아내* (범우사, 2005) 외 다수
논 문 : "주인공과 관념의 차원에서 살펴 본 똘스또이와 체호프의 예술세계" 외 다수

공저자 : **김 성 일**

한국외국어대학교 학사 및 석사.
상트-페테르부르크 국립대학교 문학박사(러시아문학 전공)
청주대학교 유럽어문학부 러시아어문학 전공교수

저 서 : *러시아 문화와 예술의 이해* (공저, 형설출판사, 2005) 외 다수
역 서 : *대중의 취향에 따귀를 때려라* (책세상, 2005)
논 문 : "러시아 망명문학 연구" 외 다수

쉽게 익히는 러시아어 II

1판 1쇄 찍음 • 2007년 10월 5일
1판 1쇄 펴냄 • 2007년 10월 10일

저 자 • 강 명 수 • 김 성 일

발행인 • 정 현 걸
발 행 • 신 아 사
인 쇄 • 예지인쇄

출판등록 • 1956년 1월 5일 (제9-52호)
서울특별시 은평구 녹번동 28-36 2F
전화 • (02) 382-6411 팩스 • (02) 382-6401
홈페이지 • www.shinasa.co.kr
E-mail • shinasa@chol.com

정가 *11,000* 원

ISBN 978-89-8396-582-0